U0524176

商务印书馆(成都)有限责任公司出品

IN PRAISE OF DOUBT

疑之颂
如何信而不狂

HOW TO HAVE CONVICTIONS
WITHOUT BECOMING A FANATIC

［美］彼得·伯格　［荷］安东·泽德瓦尔德　著
曹义昆　译

商务印书馆
The Commercial Press

目 录

致谢		001
第一章	现代性的诸神	001
第二章	相对化的态势	025
第三章	相对主义	049
第四章	基要主义	069
第五章	确定性和怀疑	088
第六章	怀疑的界限	118
第七章	中庸政治	142
索引		162

若无怀疑,
何来惬意的确定性?

——歌德

致　谢

这本书的思想出自于波士顿大学文化、宗教和世界事务研究所的一个研究课题。一直以来，该所由当代资深的研究专家彼得·伯格教授主持。这一课题被命名为"在相对主义和基要主义之间"。由美国和欧洲的宗教学者所构成的国际工作团队一直在探索，试图从基督教和犹太教的不同传统视角勾勒出这样一类的"中间立场"。课题组的论文将会另行出版。尽管这一研究只是涉及相对主义和基要主义这两者在宗教层面的对立和歧出，但参与者很快发现，这种对立也存在着非常重要的道德和政治的蕴意。具言之：虽然研究者普遍认可宗教信仰可以容纳怀疑——也就是说，一个人可以在缺乏确定性时具有信仰——他们也认识到，人们能够而且已经以高度的确定性做出种种的道德判断，而那些判断经常有其政治的后果。但是，宗教的不确定性如何与道德的确定性共存？这一问题超出了以上提到的研究课题的工作事程，也正是伯格决定写一本书以讨论"中间立场"所包含的宗教和道德/政治的双重层面的原因所在。他邀请作为工作团队成员的安东·泽德瓦尔德合作，因为他希望和一位有着更高哲学素养的专家一起研究这一主题。(泽德瓦尔德拥有社会学和哲学的双重博士学位。)这本书的每一章都是由两位作者联袂写出,合作富有成效且令人愉快。

作者们希望对大卫·凯尔斯诺夫斯基(David Kiersznowski)表达衷心的感谢!正是他慷慨资助了原来的研究课题,亦使两位作者能够会面并一起为这本书写作成为可能。两位作者的会面一次在阿姆斯特丹,另一次在波士顿。

第一章 现代性的诸神

在 20 世纪的黎明时分即将来临之际,尼采曾以饱含激情的绝对语调宣布上帝之死。现在,一百多年过去了,这一预言似乎并不合理。在宇宙现实中,上帝是否存在是另一个问题。并且,经验科学不能对这一问题做出回答:上帝不能成为实验的对象。但是今天,在经验可以通达的人类生活的实存领域,却的的确确存在着大量的神灵,它们彼此竞争,以吸引人们的专注和忠诚。尼采曾认为,他站在一个无神论世纪的起点。现在看来,21 世纪反倒是被打上了多神论的烙印,恰似许多古老的神灵携着仇恨卷土重来。

启蒙时期一些较为激进的思想家,特别是在法国,以欢快的期盼情绪预言宗教消亡。宗教被认为是一种大虚幻,不但引生了大量的迷信,而且也招致了滔天的暴虐。欧洲新教分立后接踵而来的宗教战争给这一观点增加了可信度。故而,伏尔泰喊出的"消灭臭名昭著者",不但针对天主教会——以他的经历,乃是万恶之源——而且针对一般的宗教。新教继续处死异端、烧死"妖魅惑众"者,其热情较之它的天主教对手毫不逊色。

在分裂的基督教世界之外，同样不能找到更具吸引力的宗教传统。

借以摧毁宗教的工具当然是理性。在理性的冷峻光芒照耀下，宗教的种种虚幻将会隐退。当法国革命在巴黎的玛德琳教堂（Church of the Madeleine）加冕理性女神时，这一期愿被戏剧般地予以象征化。启蒙时代的这类信念并未随着法国革命的结束而结束，实际上它以不同的形式一直延续到今天。在19世纪，这种信仰特别倚重于科学。人们认为，理性将为理解世界并最终构建起一种道德上优越的社会秩序找到一种准确无误的方法论。也就是说，启蒙哲学已演变成一种经验主义的科学。这一演变的先知乃是奥古斯特·孔德，其实证主义的意识形态对欧洲及其之外的进步知识阶层有过巨大的影响（特别在拉美，巴西的国旗依然纹饰着孔德的口号"秩序和进步"）。正是由孔德创立了社会学这门新学科，并非如此偶然。

随着这一学科的发展，它与孔德心目中的内容已具有越来越少的相似性。它不只是将自身视为哲学系统，而且日益视为建基于经验证据并诉诸经验证伪的一门科学。三位思想家一般被认为是现代社会学的开创者——卡尔·马克思、埃米尔·涂尔干以及马克斯·韦伯。在这三者中存在着很大的不同。但一旦涉及宗教，尽管基于不同的理由，每一位都相信现代性导致其平稳式微。马克思和涂尔干是启蒙运动的产儿，对这一所谓的进展表示欢迎。而韦伯，则以忧郁式的顺从态度对此加以沉思。

在20世纪发展出来的宗教社会学领域,把现代性和宗教的式微相关联的,以"世俗化理论"而著称。这一理论主张:现代性,同时因为科学知识的传播以及现代制度对宗教信仰的社会基础的削弱,必然会导致世俗化的出现(被理解为宗教在社会以及个体头脑中的渐次衰落)。这一看法不是基于对宗教的哲学式摒弃,而是建立在似乎支持它的各种经验材料的基础之上(重要的是,许多这样的材料来自欧洲)。应该强调,这一理论乃是"价值中立"(用韦伯的一个术语)。也就是说,它同时可以被那些对它表示欢迎和满怀忧伤的人们所坚持。故而,20世纪有好些基督教神学家对这一所谓的世俗化进程远非乐而观之,但却把它看作是一种科学建立起来的事实而加以接受,认为教会和个体信仰者都必须对此达成妥协。有些神学家则找到了实际上拥护它的方式(如在20世纪60年代短暂流行的"上帝之死神学"的倡导者——"人咬狗"式奇闻的绝佳范例)。

世界上目前世俗化的状况如何?

说世俗化理论被二战以来几十年所发生的事件大规模证伪是公允的(这正是为什么除极少数人坚持外,大多数宗教社会学家已经改变了他们对这一理论的态度)。放眼当今世界,人们所见到的不是世俗化,而是各种激情澎湃的宗教运动的大规模爆发。出于明显的理由,人们大多注意到伊斯兰教的复兴。那些好斗的圣战倡导者固然引人瞩目,但他们仅是要大得多的社会现象小量的(尽管很令人不安)组成成分而已。遍及广袤的穆斯林世界——从北非到东南亚,以及西方的穆斯林聚居区——成千上万的人们正指望着伊斯兰教给他们的生活提供意义和指引,而这一现象大部分和政治并无瓜葛。

可以说,一种甚至更加蔚为壮观的发展乃是福音派新教尤其是以五旬节派的版本形式的全球性扩张。1906年,一场复兴运动——所谓的"阿苏萨大街复兴"(Azusa Street Revival)——在洛杉矶发生。这场运动由一位魅力超凡的黑人牧师领导,他火热的布道迅速建立起一个跨越种族的信众。不久,该信众的成员开始"讲异语"(五旬节信仰的确定性标志)。当来自阿苏萨的传教士遍及整个的美国以及海外时,该信仰引生了许多不断增长的教派。但五旬节信仰最具戏剧性的全球扩张则出现在二战以后——在拉美、非洲以及亚洲的各地。现在,估计全世界大约有4亿五旬节派教徒。这肯定是历史上所有宗教运动中最为快速的发展。除正常的五旬节派教会机构的壮大外,也存在所谓的"五旬节派化"——也就是说,在各种新教甚至天主教会中,具有神赐超凡能力的"讲异语"、医治以及其他"灵恩"形式的增长。五旬节信仰也不是全球扩展的福音派新教唯一的形式。据估计,有大约10万名福音传教士活跃在世界各地——许多来自美国,其他则来自拉美、非洲、韩国以及世界的其他地区。同时,也有"大众新教"的广义范畴——指那些一般不被认为是新教但其宗教和社会特征带有新教风格的群体。其中最为成功的是摩门教徒,他们在世界各地的发展中国家已得到迅速增长。

天主教会(可以说是最为古老的全球性机构)在它的欧洲老家已是举步维艰,但在世界的其他地方却依然朝气蓬勃。这同样适用于一些源自宗教改革时期的教会——包括著名的圣公会,它在英国已极度边缘化,但在非洲却很成功。东正教在遭受共产主义政权多年迫害后,现在也经历着一场真正的复苏,尤其在俄罗斯。

事实上,其他各大宗教传统都可以说是如此。正统派犹太教在美国和以色列得到发展。已经有印度教的复兴,对印度作为一个国家的世俗界定发出挑战。有强劲的佛教复兴运动,他们中的一些正在西方国家开展传教工作。在日本,已能见到很多强有力的宗教运动,其中有佛教、基督教以及神道教的合成品提供。儒教同时作为宗教和伦理的学说,在中国和海外华人圈里已被重新发现。

在这幅热闹的宗教世界画卷之外,有两个例外。一个是地理上的——中西欧。作为世界上的一个重要地域,世俗化理论在那里看上去很合理。另一个则是社会学上的——在整个人口中为数不多但却很有影响力的知识分子阶层,他们实际上代表了一种全球性的世俗主义。在此不可能对造成这些例外的种种缘由加以详细论述。然而,为避免肤浅概括,我们需要强调,这两种情形都很复杂。尽管西欧(同时在天主教徒和新教徒中)和教会相关的宗教虔信有一个大的滑落,但在教会之外,从不同形式的新世纪灵性运动(New Age spirituality)

到灵恩运动(chrismatic movement),各种类型的宗教活动都能观察得到。此外,中世纪早期强势存在于欧洲数百年的伊斯兰教之再度临现,导致了对被大肆吹捧的"所谓欧洲价值观"(European values)是否植根于犹太——基督教传统这类问题的全新论辩。就世俗知识分子这一层面而论,这一阶层已经存在着强劲的宗教复苏,特别是在西方以外的世界。故而,突然转变为这样或那样的武力宗教运动的追随者的,往往是接受过高度世俗化知识教育的那些人。

总而言之:现代性必然会导致宗教的式微,这是一个不合理的观点。激进的启蒙运动的一些晚近儿孙(各地依然有一些)或许觉得会是这样。但很不幸,并非如此。如果现代性并不必然导致世俗化(除了在瑞典和德里大学的教工俱乐部外),那么在信仰和价值领域它带来了什么?我们认为,答案很明显:带来了多元性。

什么是多元性,它对于个体和社会意味着什么?

我们以"多元性"(plurality)意指各式各样的人群(种族的、宗教的或不论何种区别的)在文明和睦以及彼此社会交往的条件下居住在一起的一种情形。导致这一情形的过程,我们将称之为"多元化"(pluralization)。那么,我们在这里的论点可以简洁地表述为:现代性使之多元化。

尽管这一定义很简单,它所指涉的事务之经验状态却高度地复杂。在以上我们试图对它解释之前,存在一个术语知识点:我们称之为"多元性"的情形更普遍地被称为"多元主义"(pluralism)。我们避开这一用语,是因为后缀"ism"表示一种意识形态,而非指(我们意欲传达的)一种经验上可能的社会现实。并且,正是作为一种意识形态,"多元主义"一词才第一次出现。据我们所知,这个词是由美国教师霍勒斯·卡伦(Horace Kallen)于20世纪20年代所创造,而且是为了颂扬美国社会的多样性。这样思考"多元性"/"多元主义"之间的区别:如果"多元性"指的是一种社会现实(人们可以欢呼或者悲悼的现实),"多元主义"就是一种态度,这种态度可能扩展为对这一现实表示欢迎的成熟哲学。这种术语的澄清工作有助于使我们的论点一开始就反对我们早些时候所摒弃的那种主张现代性使之世俗化的论点。同样,"世俗性"以及导向它的"世俗化过程"皆是指经验上可以探究和(在本书的讨论场合中)加以证伪的关于社会现实的概念,且像多元性一样,人们可以对其欢呼或满怀忧伤。存在一个长久的肇始于启蒙时代的传统,被合理地称作"世俗主义",对世俗化表示欢迎,以至于相信它已经发生,沉迷于它必将并且应该取得成功的未来憧憬之中。在以后的讨论中,我们将有机会回到世俗主义这一话题。

回到我们对"多元性"的定义:这里的基本事实是构成社会的各种群体的多样性。但我们的定义包括两个更深层的因素——文明和睦以及社会交往。这些是重要的。一个社会当然可以有多样性,但不文明和睦——

不同的群体卷入暴力冲突,可能以一个群体压迫、奴役甚至灭绝其他群体而走向极致。这样的情形下谈论"多元性"毫无意义。如其不然,就是多样的群体相互并存但不交往——相安无事,或者说彼此不说话。要是这样的话,我们这里所着眼的多元化动力的独特过程也将不会发生。第一种情形的例子乃是南北战争前的南方,黑人和白人作为奴隶主和奴隶共存。第二种情形的例子乃是传统的印度社会,以严格避免彼此间社会交往的种姓制度组织起来(依照共餐和通婚禁忌——禁止与群体之外的人们一起进食和结婚——这在阻止交往方面很有效)。

现代性使之多元化的理由很好理解:在历史的大部分时间里,大多数人类生活在具有以极高程度的认知和规范共识为特征的社群之中——也就是说,几乎每一个人都持有世界是什么以及如何在其中行动的相同看法。当然,经常也有边缘性类型,即那些对理所当然的看法进行质疑的人们,譬如说苏格拉底。但这样的个体很少。换言之,在各行其道的不同的群体之间,没有过多的对话和交流。社会隔离的壁垒很高。

现代性以其日益增长的速度和范围,削弱了这些壁垒。它导致了不断增长的城市人口比例,许多城市规模庞大,而且城市已成为不同的群体不断摩肩接踵地经常照面的地方。随着世界范围的城市化、"都市风格"(urbanity)的传播和蔓延,一种城市的/都市的(urban/urbane)文化由多元性所滋养,这种文化又反哺多元性。此外,又有跨越广袤地域的大规模人员流动,带来了形形色色的群体彼此间亲密的接触。大众教育意味着越来越多的人们对各种不同的思想、价值观和生活方式有所觉醒和认识。最后但并非不重要的一点是，现代的大众传媒手段——电影、广播、电视、电话以及计算机革命所带来的信息爆炸——导致人们在以其他的文化路径理解和对待生活现实的能力方面得到巨大提升。作为现代性所特有的这些过程的一个结果，多元性已经达到了历史上空前的高度。

当然，多元的情形在过去也有过。在中亚，丝绸之路沿线的城市多个世纪享受着一种真正的多元性，特别是不同的宗教传统相互作用、彼此影响——基督教、摩尼教、琐罗亚斯德教、佛教和儒教。或长或短的时间里，类似的多元情形盛行于印度的莫卧儿王朝、霍亨斯陶芬王室统治的西西里岛以及穆斯林时期的安达卢西亚地区（在那里，*convivencia*［共存］的观念乃是一种多元主义意识形态的早期表达形式）。对西方文明史至关重要的一点是，希腊-罗马时代的后期与现代多元性的境况有着惊人的相似，这尤其通过宗教多样性体现出来。置身于如此特定的背景之中，基督教一开始就作为一种世界性大教登上历史舞台，决非偶然。但所有这些前现代的多元性情形的范围却非常有限。以希腊化时期的亚历山大城为例。那时，这座城市大概和今天人们在任何地方所能发现的社会一样地多元（尽管没有电脑和手机）。但如果当时乘一艘小船溯尼罗河而上不远的距离，就会来到和漫长的埃及历史上任何普通的村落一样文化同质的村落——或许其中的一些人根本不知道他们被认为是罗马帝国的组成部分,甚至从未听说过亚历山大。而在今天,即便生态旅游的组织者们处心积虑,也极难找到堪与上述村落相比拟的文化同质的地方——很可能根本找不到文化孤立的特例。(不消说,如果他们成功地找到了,他们自己的活动毋宁使那种质朴的纯真性快速寿终正寝,而此类纯真性正是他们汲汲以求、藉以吸引顾客的东西。)

在真正的多元性条件下所发生的东西,可以被归入到知识社会学所使用的一个范畴之下——"认知污染"(cognitive contamination)。这建立在对一个基本的人类特性的认识基础之上:如果互相交谈,时间长了,就会开始影响彼此的思考。当这类"污染"出现时,人们发现,将其他人的信仰和价值归结为堕落、疯狂或邪恶会越来越难。虽然很慢但最终肯定会不得不承认:或许这些人挺有道理。这么想时,以往被视为理所当然的关于现实的看法就变得动摇起来。这一出现在个体间的相互污染过程,有来自社会心理学的充足证据,甚至在如心理学家库尔特·勒温(Kurt Lewin)、米尔顿·罗克奇(Milton Rokeach)等人所开创的实验情境中也得到了再现。为此,勒温创造了"群体规范"(group norm)这一术语——任何"群体动力学"(group dynamics)过程所趋向的那种意见统一。罗克奇在他的经典研究报告《西普西兰蒂的三个基督》(*the Three Christ of Ypsilanti*)中,也有这方面的一个非常奇特的例子。西普西兰蒂不是指拜伦之死的希腊城镇,而是密歇根的一所精神病院。在这所医院里有三位病人,每个人都认为自己是耶稣基督。

其中的一位在精神错乱中已陷得很深,不再受其他两位的影响。但罗克奇以引人入胜的细节描述了其他两位症状稍轻的病人如何就对方的基督论声言达成妥协。实际上,他们构筑了一种"合一"神学以吸纳各自的声言。

发生在个体层面的相互"污染"也发生在多个集体之间。在宗教史上,这些集体间的认知污染过程被认作是"融合"(syncretism)。一个经典事例乃是希腊的众神被罗马获取——宙斯变身朱庇特,阿佛洛狄忒变身维纳斯,等等。宗教思想(以及其他认知和规范的范畴)会从一种世界观被"转译"到另一种世界观。很明显,在这一转译过程中,它们并非总是保持不变。

除引发"认知污染"的泛滥之外,在过去的几个世纪里,现代化已使科学技术能够从根本上改变人类的生存境况。这是一个范围深广的转变,影响了人类社会的每一方面,可以通过不同的方式对此加以描述和解析。但这里就我们的目的而言,只想把目光集中在这一转变的一个方面——从命运到选择的巨大转换。

从命运到选择的现代性转换如何影响我们?

这一转换在上述过程的核心处——技术构成部分清晰可见。想象一下新石器时代的一个社群正在处理一个特别实际的问题——比如说,如何使用火来温暖洞穴和烤熟作为部落主要食物的野牛肉。然后想象一下在漫长的年代里这个社群用两块石头摩擦以产生所需要的燃烧,这种方法是他们唯一所知道的。一个现代社群在燃烧方法和能量资源方面明显有着要宽泛得多的选择余地——不同的工具,可以这么讲——更不用说有不同的食物种类可供选择。实际上,一个现代社群所拥有的选择不但体现在不同的工具之间,而且还体现在不同的技术体系方面。

这一选择领域的扩展不但影响到人类生活的物质方面,而且体现在认知和规范的各种层次,而这正是我们在此感兴趣的焦点所在。以一个带有根本性的问题为例,比如说,什么是男人和女人?在前面提及的新石器时代的社群中,在这一问题上几乎不存在有任何的选择余地:对于这两种性别的性质以及随着这类被认可的性质而来的种种规范,存在着明显的具有约束力的共识。可是,在这一生活领域,现代化已极大地增加了可供选择的系列。一般而言,一个现代的个体可以选择跟谁结婚、怎样以及在哪里组建作为婚姻结果的家庭、为支撑或接济家庭而接受什么样的职业训练、生养多少个子女,并且最后但也是相当重要的一点是,如何养育子女。同时,也存在着可供选择的各种完整体系——婚姻关系体系、教育体系,等等。此外,现代的个体能够选择个人的特定身份,诸如传统或革新、异性恋或同性恋、性行为自律或性开放等。在大多数发达国家里,现代人的身份问题乃属于选择性的,是通过无数的个体而承担的某项工程(通常是终身性的)。

这对许多人来说被证明是很难的一项主张。为帮助追求者确定他们想成为什么样的人,出现了身份和生活方式的各种巨型超级市场,其中的每一家都被宣传人士和企业家(两个重叠的范畴)不遗余力地推销和兜售着。一位七十四五岁的男子给儿子写信,告知他自己的第五次婚姻,若有所思地说:"我终于发现我是谁。"(人们可以满有把握地认为,他将会找到一位心理治疗专家或一个力挺他的群体以证实他的这一自我评价。)一位有着亚美尼亚语名字的年轻女子和亚美尼亚并无任何的瓜葛、美国出生且只懂英语,当被问及为什么上亚美尼亚语课时,她回应道:"因为我想发现我是谁。"(同样没问题,她将会找到一个亚美尼亚教会或社群组织,这类组织对其新的身份发现表示欢迎。)正是在这样的背景中,迈克尔·诺瓦克(Michael Novak)在其著作《不可融合的种族》(Unmeltable Ethnic)中发出惊人之语:在美国,种族性已成为一个关乎选择的事情。

20世纪中叶,德国社会学家阿诺德·盖伦(Arnold Gehlen)创造了一组非常有用的概念,对上述的进展予以说明。人类的每一个社会(包括可能的新石器时代社会)在允许给它的成员一些选择机会的同时,其他的选择机会则被具有理所当然性的行动程序预先规制。其中,盖伦把选择机会被允许的生活领域称为"前台"(foreground),选择机会被预先规制的领域称为"后台"(background)。两个领域皆具有人类学上的必要性。一个仅由"前台"构成、每一个问题都属于个体选择事情的社会不能够长久维持自身,势必会陷入混乱。每一次碰面,人们将不得不重新发明交往的基本规则。例如在两性关系的领域,犹如亚当和夏娃日复一日地碰面,但每一次碰面好像彼此第一次相遇时一样,亚当并且必须反复问自己:"我究竟应该如何与她相处?"(当然,夏娃也必须相应地问自己如何与他打交道。)这明显不堪忍受。遑论其他,什么事情也干不了! 所有可供利用的时间将会被发明和再发明约会的规则而耗费掉。反过来,一个仅由"后台"构成的社会也将全然不是人类社会,而是机器的集合体——幸运的是,这是一种人类学上(大概生物学上也一样)不可能出现的情况。

"前台"与"后台"的不同可以简要地描述如下:"后台"的行为可以自动地进行,无需反思,个体简单地遵循为他规定好的程序就是。相比之下,"前台"的行为则需要反思——一个人应该走这边还是那边。"前台"与"后台"的平衡关系已经深受现代化的影响:我们早先提到过的选择机会的增加已导致反思行为的相应增多。赫尔穆德·谢尔斯凯(Helmut Schelsky),一位比盖伦晚降生不到十年的德国社会学家,把这一事实称之为"持久性反思"(*Dauerreflektion*)。今天,永久性反思在个体和社会的层面皆可以见到。个体被不断引向他们是谁以及应该如何活着这样的问题追问,一大堆的治疗机构严阵以待,准备协助他们完成这一艰巨的任务。在社会层面,教育系统、媒体和大量的(被贴切地命名为)"智囊库"(think tanks)针对整个的社会问同样的问题:我们是谁? 我们正走向哪里? 我们应该走向哪里? 可以毫不夸张地说,现代性正在遭受一种意识的饱胀之苦。如此多的现代人焦躁不安,也就不足为奇。

在盖伦的辞典中,一个社会具有理所当然性的行为程序被称作"制度"(institution)。**强势的制度运作起来犹如本能**——个体自动地遵循制度程序,不需要停顿下来反思。正如一个没有"后台"的社会就会瓦解、陷入混乱,同样的道理,没有制度(依此所定义的),也就没有人类社会的继续存在。但是,制度性程序的范围随着社会的不同而变化,"前台"和"后台"的相关大小也如此。当某些东西从"前台"移到"后台"时,我们可以谈论"制度化"(institutionalization),相反的过程则可称之为"去制度化"(deinstitutionalization)。

以一个简单的例子为例:一个当代人早上起床,必须做一些穿着风格的决定——是否穿套装、是否打领带,等等。存在着"前台"性质的决定;相关的行为已被去制度化。另一方面,除非他是一个很不寻常的人或生活在一个特殊的亚文化群体之中,光着身子走出家门的情形对这个人来说将不会发生。故而,在可以穿什么方面,给了他一定的选择余地,但必须穿衣服这一事实却依然是理所当然的——也就是说,依然有力地被制度化。不管怎样,这一情形无疑不容改变。以性别关系方面的一个例子为例:在欧洲历史上的某些时期,礼貌行为的规范包含由男人延展到女人那里的某些文明行为——比如说,遇门女士先行。很明显,并不一直就是这样。(例如,在以上提及的新石器时代,我们可以认为这类情况没有出现过。)这大概源于中世纪盛期行吟诗人的文化。在那个时候——确切的时间姑且不论——一些男人决定让一个特定的女人先从门通过,甚或还替她把门,伴以微鞠躬。过了一定的时间,在某些社会氛围中,这一行为被制度化起来。故而说,一百年前左右,一位欧洲或美国的中产阶级男士将会不假思索地根据"女士优先"的规则行事。后来随着女权运动的到来,这一整个的性别间的礼貌领域突然变得去制度化起来。"女士优先"的规则不再是可以不经过反思地遵循便是。男士现在必须先揣摩他的女伴,然后决定继之以哪一条行为路线——为她开门(或许会因为绅士风范得到好评,也或许遭受一通咆哮式的怒斥:"谢谢,但我不是残疾"),或者,以坚定的平等主义的姿态,先从门通过(这有同样有不确定的后果)。

到此为止,所谈的还只是相当基础的社会学理论。然而,眼下讨论的观点却极为重要:**现代性极大地扩展了与"后台"形成鲜明对比的"前台"**。对此的另外一种说法就是:**现代性趋向于去制度化**。值得注意的是,盖伦也把后一过程称为"**主观化**"(subjectivization)。以往无需思索、依靠制度性程序去行动就可以生活的地方,在今天,个体却得依靠他或她的主观智能加以检视:我要相信什么?我如何行动?我究竟是谁?如前所述,为使得这类难题人们处理起来更容易些,为个体提供信仰、规范到身份整全包装的各种新型制度已开始出现,盖伦把这些称之为"次级制度"(secondary institutions)。次级制度由于允许一定程度的非反思性行为,故而有助于解除个体太多的选择之苦的负担。但就性质而言,它较之于前现代的制度(premodern institutions)却要来得脆弱。因为这些次级制度同样是被选择的,不是既定的或理所当然的,选择的记忆将持续存留在个体的脑海之中——并且意识到(尽管以微弱的方式)在未来的某个时间里,这一选择可以被逆转或被不同的选择所替代。让-保罗·萨特主张"人被宣判为自由",这作为一般的人类学命题是有问题的,但作为对现代人性的一个描述却甚为贴切。

多元性在个体和集体的层面如何影响宗教?

回到宗教。美国语言使用了一个很有启发性的词语以说明个体的宗教归属——"宗教喜好"(religious preference)。这一词语由消费者选择的范畴派生而来——较之于另一种,我更喜欢这一品牌的谷类早餐。"喜好"这个词表示选择:一个人不一定非是天主教徒不可,他选择成为天主教徒。但它也意味着不稳定性,喜好可以变化:今天我可以是天主教徒,但明天或许成为圣公会教徒或不可知论者,或自己想成为的其他类型。美国语言中的(让我们说)加利福尼亚版本有一个更有意思的词语:我进入佛教。无疑,明天我可以从佛教中出来而进入印第安人的蒸汗屋,等等。自然,即便在文化和宗教方面反复无常的美国情境中,多数人并不每隔一两天就轻易地从一类喜好转向另一类喜好。他们被自身的教养和家庭所遏制,也有保持连贯性和达到一定程度的稳定性的普遍愿望。然而,一个人可以改变自己喜好的意识却始终在那儿,故而也存在着某些时候他或许这么去做的可能性。

重述一下：现代化产生多元性，而多元性提升个体在双重和多重的世界观之间进行选择的能力。世俗化理论的偏颇之处在于，认定这些选择很可能就是世俗的。实际上，它们可以地地道道地是宗教的。当然，**被选择的宗教**较之于被视为理所当然的宗教来说，其稳定性要差（也可以说要弱）。此外，它或许流于表面（即具有超级市场里消费者的选择行为所具有的所有琐细和肤浅特征）。但不一定必然如此。正如索伦·克尔凯郭尔所言，信仰的激情式飞跃只有在宗教不再被视为理所当然的情况下才有可能出现，但却绝对不会流于表面。

多元化的形势改变了宗教在个体意识中的位置。可以通过"确定性程度"（degree of certainty）的方式来描述个体意识的分层——从意识深层所存在的关于世界的理所当然性认识（"深层"一词不要以弗洛伊德的术语方式去理解——在这一意识层面并无"潜意识"的东西存在），过渡为或多或少具有稳定性的信念，最后上升为容易变化的意见（opinions）层面。这些意见是指：我是美国人（不能想象为别的身份）；我在政治上是自由的；眼下，较之候选者 Y，我更倾向于 X。在个体意识中，宗教可谓从较深的确定性层面向上渗透为更为脆弱易变的仅为意见的层面，其间夹杂着不同的其他层面。宗教在个体意识结构中的这种改变并不必然波及宗教的内容，认识到这一点很重要。一个传统的、理所当然性意义上的天主教徒，可以和一个通过个人喜好而成为天主教徒的现代个体一样，信奉同样的教义和实践。但这些教义和实践在个体意识中的位置是不一样的。换句话说,多元化不一定会改变所信仰宗教的内容,但可能改变信仰的方式。同时,为避免肤浅的结论,我们也应该注意到:宗教归属的自愿性特征,必然意味着个体更有机会修正由教会颁定的正式教义与实践——这意味着宗教内容与信仰方式的同时改变。这种改变通常表达为:"我是天主徒,但是……"这一限定性的"但是"意味着个体不再相信教皇永无谬误、圣餐礼神迹之类的东西,或者反倒乐意去实践教会所不赞同的节育术。

多元化也改变了宗教机构以及这些机构间关系的社会学特征。无论情愿与否,教会不再是宗教的垄断者,反而变成**自愿联合体**(voluntary associations)。对于一些宗教机构(和它们的领导阶层)来说,这很难适应。在西方,罗马天主教是很不情愿但不可避免地被迫作为自愿联合体而运作的一个明显的例子。一旦教会不再可以依赖其文化上的理所当然性地位以及政府的强权来填充它的教堂席位,除了试图劝说人们使用它们的服务外,别无其他的选择。随着这一转变,教会职员(主教团和牧师)和他们的平信徒主顾之间的关系也必然改变。不管天主教会在神学方面如何理解自身,神职人员必须变得更为迎合平信徒的愿望,而后者的力量也因此随之增强。

一些天主教的评论员把这一过程(轻蔑地)称之为"新教化"(Protestantization)。然而,这一过程并不必然就牵涉到教义和礼拜仪式方面对新教的让步,它只是简单地接受教会现在作为自愿联合体而有赖于平信徒成员不受强迫的忠诚这一经验事实。大多数的新教特别是那些在美国已成为主流的新教样式已经以自愿联合体的形式运作多时,正是在这一意义上,这一过程才是"新教的"。换句话说,新教在与多元化情境打交道时有相对的优势,但一个宗教群体要享有那种优势,却不一定非得是新教。天主教会起初强烈拒斥其作为自愿联合体的观念,后来,在那些天主教徒占少数的国家里(如美国)或当政府拒绝继续扮演以往的支持性角色(如法国)时,它才迫不得已接受了这一地位。

换言之,社会学取代了教会学。此后,第二届梵蒂冈公会议(Second Vatican council)对宗教自由的强烈认可为已经发生的这一经验过程提供了神学的合法性。值得注意的是,阐明这一合法化的两位最具影响力的天主教思想家均来自现代民主的发源地国家——美国的约翰·考特尼·默里(John Courtney Murray)和法国的雅克·马里坦(Jacques Maritain)。这里讨论天主教的情况,因为它在这方面最具戏剧性意味。然而,在其他的宗教场合,也能观察得到自愿性原则取得了同样的胜利。这些场合里以往是实行宗教垄断的,如英格兰教会、俄国东正教会、正统犹太教,就此而言,同时还得把土耳其的伊斯兰教或者印度许多地方的印度教包括在内。

多元化也改变了宗教组织相互之间的关系。现在,它们在一个自由或相对自由的市场里作为竞争者而彼此找到了自我。一旦放弃了恢复或重建宗教垄断的计划,某种程度上他们必须承认竞争对手的存在。针对这一现象,理查德·尼布尔(Richard Niebuhr)(美国的教会史家,不要和他的哥哥、著名神学家莱茵霍尔德·尼布尔[Reinhold Niebuhr]相混淆)创造了一个术语——"教宗"(denomination)。在古典的意义上,宗教史家和社会学家在两种类型的宗教组织之间进行了区分——多数成员生于其中、作为包容性实体的"教会"(church)和个体后来加入其中、具有排他性质的小规模"教派"(sect)。尼布尔在这两种划分之间,添加了"教宗"这一独特的美国式范畴。教宗的社会特征较之于教派更接近教会,但个体是后来加入而非生来就在其中的,并且它也或隐或显地承认竞争对手的存在权利。换言之,教宗是多元化竞争环境的产儿。像市场中的所有参与性实体一样,教宗必须同时是竞争者又是合作者。这类合作关系在旨在使竞争文明化并一定程度上对竞争予以调节的无数"普世性"(ecumenical)、"跨信仰"(interfaith)的活动之中得到了表达。毋庸赘言,教宗是在"自愿原则"之下运作的,而这一原则体现了多元化情境的主要经验特征和多元主义意识形态的基本价值("选择的权利")。

具有上述特点的多元化动力过程在有法律保障的宗教自由条件下运作最佳。然而,即便是政府试图对宗教自由施以限制,不管以何种方式,多元化力量亦能找到它的入侵路径。当今世界的许多政府已试图限制宗教自由(常常打着保护其公民免受"改宗性"宣教影响的旗号)——许多穆斯林国家这样,以色列、印度等国也是如此。其中的一些措施当然很奏效。但是,除非一个真正的极权制度存在在那里,多元化力量依然能开辟其道路——通过现代技术所开启的巨大交流渠道、通过设置限制的政府的公民和外来访问者构成的国际往来,更多的是借助于避开或反抗政府控制的那些传教士。总之,很难把多元化的"妖魔"重新装进瓶子。

以上的讨论集中在宗教——多神主义(polytheism)这一独特的现代版本方面。多元化对所有的宗教传统均构成了巨大的挑战,但现代社会已显示自身有能力与之相处并适应它。启蒙时代那种宗教宽容的价值观念无疑是由对惨烈的欧洲宗教战争之深恶痛绝所激发——并且可以肯定,神学上的掩盖并不能对那些血腥的战争给予辩护。然而,多元化不但影响宗教而且影响到道德。且作为道德基石的**价值**之多元化较之于宗教多元化更难以对付。

如果我是天主教徒,相信"变体"(transubstantiation)在饼和酒中出现,而我的邻居是新教徒,对于圣餐礼的神迹观念要淡薄得多。一旦取得一定程度的相互宽容,那么,我们两个打交道想必不会太难,因为在这一问题上的神学分歧毕竟不会影响到对彼此间关系的实际看法。在这样或其他类似的事情上,我们可以对分歧达成默契。但是,如果面对道德规范的多元性时,会怎样呢?比如说,我的邻居信仰噬食人肉,并不遗余力地践行这一信仰。

噬食人肉的例子诚然稀奇古怪。但在现代社会里,存在着许多尖锐的道德分歧,导致与上述情况相类似的冲突。目前在欧洲,穆斯林的散居者已向欧洲的民主国家提出了尖锐的道德挑战:自由民主的政府能够容许对那些所谓玷污家族声誉的女人的荣誉谋杀(honor killing)吗？能容忍割阴(genital multilation)吗？对于以一夫多妻制或别的方式迎娶未成年人作为妻子能容忍吗？如果其丈夫声称有管教她们的权利,时不时地鞭打她们呢？也有一些不太激烈的问题:欧洲的学校应接受如穆斯林教徒所要求的在校运会上(或者,可能在其他或所有的学校活动中)实行男孩和女孩的隔离吗？在政府办公室,女人应允许穿从头到脚的罩袍吗？原有的"亵神"的法规应加以修改或重新制定以禁止对伊斯兰教的侮辱？(顺便说一下,这些道德原则并非真正伊斯兰教的,而是那种带有非宗教根源的文化自行发展的结果,这或许是实情。但这些规范以宗教自由的方式被予以合法化却也是事实,并且主流社会必须决定接受或拒绝这一合法化事实。)

人们不需要跨越大西洋去发现类似的道德多元性的挑战。援引美国对于堕胎和同性婚姻问题的争论就足以说明问题。一个社会该如何运作,如果其成员的相当一部分认为堕胎是女人的权利,而另外的一大部分则认为是对小孩的谋杀？如果社会上成员为数不少的某一群体认为同性婚姻是一项基本的公民权利,而另一群体则认为这是离经叛道的变态行为呢？如果我是天主教徒,和我的新教邻居在一起时,我可以心平气和地欣然坐下,不会卷入到一场关于圣餐礼性质问题的言辞激烈的争论。但是,我可以和被认为是杀人犯或变态狂(或这两者中任何一类的支持者)的邻居坐在一起友好地喝咖啡吗?

简言之,今天,道德多元化较之于宗教多元化制造了更为严峻的挑战。更重要的是,至少一些道德判断的作出有赖于一定程度上的确定性,而这些确定性在人们处理宗教事务时却不一定是必须的。这个问题我们在本书的后面将必须拾起再谈。

第二章 相对化的态势

重申一下:现代性使之多元化,现代性使之去制度化。提出这一观点的另一种方式是:现代性使之相对化。以下我们打算更为详细地审视由相对化(relativization)所释放出来的认知过程。

什么是相对化?

通过它的反面,我们可以非常容易理解什么是"相对化":"相对"的反面是"绝对"。在认知领域,有一些关于现实的界定在意识中有其绝对的地位。换言之,人们对这些界定是如此确定以至于不能够真正地怀疑它们。我们终究难逃一死的意识大概是最令人感到压抑的绝对性。哲学家阿尔弗雷德·舒茨(Alfred Schutz)称它为"根本的焦虑"(fundamental anxiety)。但这不意味着死亡的意识在意识中连续不断地呈现。对于多数人来说,通过沉湎于日常的忙碌之中得以避开它。当然,对于一些人,死亡的恐惧由对更为幸福的来世之类的宗教憧憬所冲淡。

　　另外一种绝对的确定性乃是人们对经由感官所揭示的外在世界之真实性的认信。例如,我面前的这张桌子确实存在于那里。对此,我们不能够煞有其事地予以怀疑。当然,在哲学课堂上教员将建议说,如果没有亲眼看见,我就不敢肯定说桌子就在那儿:闭上眼睛,她说道,然后向后转,现在试着证明桌子就在那儿。是的,我不能证明它,因此被迫承认不能够真正肯定在我自己意识之外的桌子的客观存在。然而,这个课堂练习只不过是场游戏而已,不必较真。即便在我参与其中的时候,我也知道桌子一直在那儿。也就是说,我对外在世界的知识具有绝对的地位。

　　相对化是一个过程,经由于此,一些事物的绝对地位被弱化,或在极端的情形下被取消。感官的证据尽管携带着难以使之相对化的绝对性断言,却有一整片现实界定的领域不是基于这类直接的感官确证——信仰和价值的领域。美国古典社会学家罗伯特·林德(Robert lynd)和海伦·林德(Helen Lynd)在他们的"米德尔顿"(Middletown,乃是他们对曼西、印第安纳等地所托的假名)研究中,运用了"当然陈述"(of course statements)的概念——也就是说,大多数人反应说"当然"的一些陈述,如"美国民主制优于其他任何政治制度"。林德夫妇对"米德尔顿"进行了两次研究,分别在 1928 年和 1937 年。那个时候,被调查的小镇的多数人将会说"当然",当听到和民主制度有关的一些陈述时(尽管没人知道今天是否依然如此)。

让我们举一个稍微明朗点的例子:一位美国人正在介绍一名女子,这名女子是他的妻子。他被问道:"这是你唯一的妻子吗?""当然是!"他可能会以恼怒的语气回答道。在一个接受和实行一夫多妻制的国家里,很明显,这个小情景将会以不同的方式上演。但即便在美国,近年来有关个人配偶陈述的"当然"性特征已经或多或少地发生了变化。因此,如果一个男人提及他的"配偶"(而不是"妻子")的话,问题将会凸显出来:他的这位"配偶"是男的还是女的? 在美国,无疑有许多人不遗余力地反对同性婚姻。然而,即便是他们也意识到这一事实:这种他择性的婚姻安排(alternative arrangement)现在被广为接受而且至少零星地被实践过(这正是使他们感到不安的原因)。结果,以前异性婚姻的"当然"地位成为问题——也就是被相对化了。可以说,同性婚姻反对者的方案正是要逆转这一相对化过程并且恢复法律和公众意识中原有的绝对性。

林德夫妇的术语"当然陈述"或多或少地相应于阿尔弗雷德·舒茨所说的"理所当然的世界"(the world - taken - for - granted)。后者典型地包含一大批一般不会受到质疑的关于现实的界定。这些界定既是认知的也是规范的——也即是关于这个世界是什么以及应该是什么的断言。理所当然的世界是制度化过程内在化的结果。换言之,制度的客观现实,比如说婚姻制度,在个体意识中亦有其客观的地位。婚姻"当然"在"彼处"(out there)——当丈夫和妻子处处扮演着各自的角色时;婚姻"当然"也在"此处"(in here)——当我认定这一特定的制度性安排乃为不证自明的唯一合理的一种时。至此,制度由于以不需要反思的习惯行为作基础,具有一种内在于意识的固有惰性性质。除非受到严峻的挑战,它们在时间中有持续存在下去的倾向。这类挑战标志着相对化过程的开始。

每一个这样的挑战都以某种冲击(shock)的形式到来:人们实际上被从他们对某一特定制度不假思索接受的状态中抖落出来。这些冲击所针对的对象可以是集体也可以是个人。以政治制度为例——譬如,在部落社会里一种特定的首长制形式。对集体造成冲击的情形是:部落被征服,首长被废黜,并且由宗教的等级制度取而代之。在这样的情况下,每一个部落的成员将从他或她对于社会秩序的理所当然的看法中震撼出来。对个体造成冲击的情形是:一个人在首长的家里碰巧遭遇到极度的腐败或欺诈,其结果,首长制度丧失了理所当然的合法性。这一个体可能单独地体验到这一冲击,而部落的其他人则继续乐意竭诚信守首长制度,即便在任的首长依然不尽如意、有一些事情渴望他去完成和兑现。此外,这类冲击所带来的震撼以及接踵而来的相对化进程可以是有意或无意的:首长制度可以被反叛性密谋所推翻,或者,当其他形式的权威入侵这一部落时——如民族政府机构,它可以变得几乎在不经意间丧失其自身的合理性。正如前面的例子所显示的,相对化的冲击可以是骤然的,也可是渐进的。

大约 20 年前,一群社会学家重访"米德尔顿"。他们同时发现了连续性和变化。最值得注意的单一变化是"米德尔顿"(并由此大概可以说是整个的美国社会)变得更加宽容——对于人种、种族、宗教的少数群体以及他择性生活方式的人群。如果你乐意的话,也可以说,美国中产阶级变得更加的世界主义、更加的老练起来。援引以上所提到的多元化进程的理论加以解释,这一现象能够得到合理的说明:自20世纪30年代以来,美国腹地的小城镇居民接受了更多的正规教育(包括更大比例的大学教育);因为旅游或参军,他们到过更多的地方,并且邀请远方的人们来此访问甚至定居(如作为侨居的避难者);州际间的公路系统极大地提高了他们的流动性,汽车拥有者的数量突飞猛进;更有甚者,由于近年来交流媒介的膨胀式发展,他们湮没在形形色色的信息之流中。所有这些因素叠加在一起所产生的结果是,像"米德尔顿"这样的社群从它们以前所享有的(或可说是"遭受的")相对自我封闭状态中被急拽出来。多元社会的飓风已经从它们静谧的、林木葱立的街衢强劲地横扫而过。

多元性导致宽容性的提升。更为重要的是,在社会认可的价值等级体系中,宽容性日益占据极为重要的地位,有时是最高地位。在美国则尤其如此。由于众所周知的历史原因,美国处于多元性和实际上作为意识形态的多元主义的先锋地位。但是,宽容作为一种主要的美德,至少在整个西方发达社会中都能够找得到。在德国,托马斯·卢克曼(Thomas Luckmann)研究了日常对话里人们如何做出道德判断,到目前为止,宽容性成为一致得到认可的价值排序中的首选项。相反,缺少宽容性——褊狭、道德刻板、吹毛求疵——则被大加指斥。完全有理由相信，在西欧的其他国家，人们也将提出类似的调查结果。

在美国的宗教史上，宽容性的地带平稳扩展。首先是所有或大多数新教群体双边和多边之间的宽容，然后是天主徒和犹太教徒被包括在内。威尔·赫伯格（Will Herberg）1955年出版了一本有影响力的著作《新教徒—天主教徒—犹太教徒》（*Protestant-Catholic-Jew*）。在书中，他极有见地地指出：已经出现了三种成为美国人的可靠方式，每一种都在一个宽泛的宗教标签之下。自那时起的半个世纪里，东正教已经获得了作为另一种可靠的作为美国宗教身份的合法性。（人们可以想象总统的就职典礼上可以缺少平日里在圣事仪式上偶尔能够见到的那类戴着长筒黑帽的东正教牧师吗？）实际上，对赫伯格所谓的"犹太－基督教传统"之外的宗教群体的接受性现在也正在扩大。美国人日益把伊斯兰教看作亚伯拉罕信仰家族的真正成员。这依然忽略了非一神教的宗教——特别是印度教和佛教，他们也正在坚持自己应该被包容到美国的普世教会主义（ecumenism）之中。在西欧，宗教多样性程度较低，发展也不那么显著，但文化多元主义的意识形态所体现的也是一种类似的宽容性的扩张。（不幸的是，多元性导致宽容性的不断增强这一点并非必然，正如历史反复向我们昭示的。同样存在着对多元性的激烈对抗，在本书的后面我们将会看到。）

有必要在积极和消极的宽容之间做出区分。当遭遇到持有和自己不同价值观的个人和群体之时,积极的宽容以真正的尊重和开放态度为特征。消极的宽容是一种冷漠的表达:"让他们自行其道。"这里的"他们"是指那些信仰和实践不同事物的人们。大多数发展中国家出现的宽容主要是第二种类型,并已经由文化多元主义的意识形态抬高到规范性原则的地位。

尽管多元性的相对化效果在集体的大范围甚至在整个的社会之内可以观察得到,但重要的是要知道这些效果根植于个体间微观的社会互动。并且,这反过来也根源于一个关于人类的基本事实——即,他们是社会性的存在,其信仰、价值和身份在与他者的互动中得以产生和维系。

什么是"认知防卫",其为何必要?

前面所提到过的认知污染的观念,根源于这样的事实:作为社会性的存在,我们连续不断地受到我们与之对话的那些人的影响。对话将会不可避免地或多或少改变我们对现实的看法。如果我们希望避免这种改变,那么,最好对我们与之对话的人们要特别小心,这是已知的事实。

心理学家利昂·费斯汀格(Leon Festinger)创造了"认知失调"(cognitive dissonance)这一非常管用的概念——用以指涉和我们以往所坚持的观点相冲突的信息,更准确地说,和我们以往所坚持的有着个人利害关系的观点相冲突的信息。(显然,如果新信息和以往的信息只有少许或毫无意义的冲突的话,这对我们来说无甚大碍——比如说,关于巴布亚新几内亚这一国家首都的名称。)对费斯汀格的如下发现我们应该不感到惊讶:人们试图避开认知失调,而唯一的途径,乃是避开能导致失调的"载体"。这些"载体"或者是人,或者是物。因此,坚持 X 政治立场的个体将避免阅读倾向于 Y 立场的报刊文章。出于同样理由,这些个体将避免与 Y 立场的人交谈而寻求 X 立场者作为交流伙伴。

当人们在关于现实的某个特定方面的界定里有强烈的个人利害关系牵涉其中——像根深蒂固的宗教或政治立场,或直接与他们的生活方式有关的认信(如抽烟可被接受乃至盛行),他们势必不遗余力地建立起认知的和行为的防卫(behavioral and cognitive defenses)。

在行为方面,正如我们前面指出的,这意味着避免不协调的各种信息源。但也有认知防卫——脑力的运用,可以这么说——以支持自己所喜欢的关于某种事物的看法。以吸烟者的防卫为例。他们将搜罗能挑战"吸烟危害健康"这一主流观点的各种材料——吸烟的反对者一直存在,现在通过网络很容易找到这类人。同时,他们也寻求一些途径使得主流观点的代言者们自身变得不再可信——没有资格评定证据(例如学历或在其他领域的缺陷)或坚持这一立场时有一种既得利益牵涉在其中,故而很可疑(大概从反吸烟组织那里获得好处)。

宗教和政治系统在为信众提供认知防卫时已变得特别地老练。这一竞技场中一般的防卫策略是,把认知方面与之作对的代言者归入到根本不信任他们以及他们可能说的任何事情都不值得信任的类别之中——他们是罪人或异端;他们属于劣等人种;因为阶级和性别,他们被错误的意识形态所俘获;或者,他们只是没有能够经历一个特定的启蒙接引仪式或阶段(如皈信仪式或接受恰当的意识形态教育),而后者则被认为导向公认的对事物的真实看法。这种通过对"信使"(messenger)的不信任从而使"信息"(message)也变得不可信任的策略可被称之为"歼灭化"(nihilation)。在极端的情形下,这可以通过对造成干扰的"信使"之肉体予以"清除"(liquidation)而达到极致。

尽管认知防卫在宗教领域很常见,但它并不一定非得属于宗教或意识形态,指出这一点很重要。设立这类防卫为任何谋求对其成员生活每一方面施以控制的组织所共有。社会学家为这种类型的组织创造了某些专门术语。欧文·戈夫曼(Erving Goffman)对"全控组织"(total institution)进行了论述,刘易斯·科塞(Lewis Coser)则论及"贪婪性组织"(greedy institution)。

在上述类型的认知防卫空缺时,与"那些他者"(those others)所进行的交谈的相对化效果将不可避免地乘虚而入。这样一来,认知的交易过程必定发生,结果将会导致某种类型的认知妥协(cognitive compromise)。个体间对话过程中的这一实际意味,在社会心理学家所罗门·阿希(Solomon E. Asch)20世纪50年代所进行的经典心理学实验中得到了描述。下述情形正是这类实验最简单的形式中所出现的:一群个体,通常是学生（对教授们来说乃是心理学实验最为近便的可供利用的群体），被关在一间屋子里。在每个实验小组中，除其中的一个人之外（"牺牲者"，可以姑且这么命名），所有的人此前皆被告知以实验的性质。当这群人都在场时，首先展示给"牺牲者"一个物体——比如说，一根木棍——并要求他估算它的长度。他将会得出一个合理的估计——比如说10英寸。每一位其他的个体随之都被问到同样的问题，且如事先被提醒的，他们会提出一个极不合理的估算——20英寸左右。实验者将会转向"牺牲者"并这样说道："看来你和这里所有人的看法都不一样。你为什么不再看一下这个物体，考虑是否愿意修正原来的估算？"好的，几乎所有的"牺牲者"都做出这般修正，典型地像这样说道："我真的不认为它20英寸。但或许我确实低估了它的真实长度。大概12或15英寸？"换句话说，"牺牲者"被牵引至库尔特·勒温所说的"群体规范"的方向行进。有趣的是，如果有两位"牺牲者"而不是一位的话，那么，对此类牵引力的反作用会陡然增强：两位持异议者就会拧成一股绳，坚决捍卫他们（当然是极其合理的）原来估算的正确性。而如果把"牺牲者"和"非牺牲者"平均对开，一个强有力的认知方面的交易过程就会典型地接踵而生，结果会导致一种认知妥协——也即是一种新的"群体规范"。阿希显然没有变更他的实验条件以允许参与者之间可以有身份地位的差异。但如果那样的话，事态将会导向一种饶有趣味的扭转。例如，我们可以设想，如果"牺牲者"是一位教授而其他每一位参与者都是本科学生的话，实验的结果将会大不一样。

在阿希的实验中,是一个可以通过尺子测量(实验师会不允许,如果参与者建议这么做的话)就能得到轻易解决的事情的争论。但是,对话的认知力量依然导致了妥协。换言之,即便在观测一个其长度原则上可以运用测量工具得以确定的有形物体时,对话仍具有相对化的效果。当争执发生在不能诉诸感官经验证实即个体对一般所公认的现实问题的看法——如宗教与政治方面的观点,并没有普遍认可的测量工具——之层面时,可以断定,对话所产生的力量在这些情形下将会变得更为强大。什么可信、什么不可信,这样的问题将很大程度上取决于对话的性质。

"可信性结构"(plausibility structure)是知识社会学描述这一现象的一个很有用的概念。它指的是任何特定的现实界定具有可信性的社会环境。宗教组织对此一直心领神会。拿天主教的经典表述 *Extra ecclesiam nulla salus*——"教会之外无拯救"来说。把这句话转换成社会学的术语就是:"在恰当的可信性结构之外没有可信性。"试想在一个封闭的西藏佛教社群里,一旦你是唯一的天主教徒,维持你的天主教身份将会很难。如果有两个像你这样身份的人,将会有些帮助。你和外面的天主教徒保持通信也无济于事。最好的结果("最好"是对你的天主教身份而言)将是你能够逃离西藏人的囚禁并返回到有许多天主教徒存在的地方。当然,这一概念也适合于非宗教性质的信仰和价值的可信性情况。在小镇上很难成为唯一的马克思主义者、女权主义者,等等。

返回到现代性和相对化:在前现代社会,可信性结构一般充满活力并且表现稳定。现代性一旦涉入,相对化会使可信性结构变得更加地脆弱和暂时。我们全都变成阿希实验的"牺牲者",并且"牺牲者"的范围现在可以扩大乃至包容整个社会。因此,对于与之对话的人们,我们必须尤为谨慎,正如很久前使徒保罗认识到的,当他告诫基督徒不要"和不信者同负一轭"时(《哥林多后书》6:4)。缺少对话的这类谨慎,准备好认知妥协吧!

相对化如何以宗教的形式而展开?

如果想对相对化以及它的认知过程如何以宗教的方式发生有一份生动的感受,我们推荐给你观光。去华盛顿,搭乘一辆汽车或出租车,在16号大街白宫附近朝向沃尔特·里德医院(Walter Reed Hospital)往北走。几个街区之后,你将会发现自己处于名符其实的宗教多样性的狂欢之中。向北延伸几英里,几乎没有一个街区无宗教建筑。每一个新教派别都有自己的教堂,包括非裔美国人的派别。有一个大的罗马天主教区,亦有希腊、塞尔维亚东正教堂。代表美国犹太教三种类型的会堂也在其中。同时还有印度教、佛教中心和巴哈伊教中心,以及用越南语铭刻的一个大庙宇(大概属于在那个国家得到急剧繁殖的那些具有融合性质的教派中的一种)。如果想把这也包含进宗教建筑的清单之中(这一点尚可商榷),同样有个大的共济会的(Masonic)庙堂。好像没有穆斯林的存在？但几条街之外,就来到了华盛顿最大的清真寺。

或许不需要花费太多的心思,就会发现华盛顿的这一特殊绵延地带宗教为何如此兴盛的原因所在。这大概与分区法规(zoning regulations)有关。凸显在这里的问题是:所有这些宗教建筑里的人们是否彼此对话？我们不是指正式的宗教对话——比如说,有关犹太教和佛教的一个会议。我们指日常友好的对话,如来自塞尔维亚的牧师和巴哈伊中心的主管之间。我们认为一定有这类对话——比如仅因为泊车问题。试想巴哈伊教有一个重要的事情安排并且使用塞尔维亚人的泊车场将会大有帮助。或许两者之间会有此类问题的对话。但对话仅止于此？可能不。当有人真正注意到有什么发生之前,两边的对话者可能都发现自己早已深陷在认知污染的地带之中。(顺便提一下,在以上有关宗教社会学式观光的话题方面,也可以作另外的一个提议。这是在夏威夷的一段公路地带。叫辆车,从火奴鲁鲁沿帕里公路行驶,一直到瓦胡岛的另一端。你将发现一大批成列的宗教建筑的展示,像在华盛顿一样的复杂多元,只是——正如意料中的——更强烈地代表亚洲宗教。这两个地点皆在美国,决非偶然。用塔尔科特·帕森斯[Talcott Pasons]在其他的场合所创造的一个术语来说,美国是宗教多元性的"先锋社会"[vanguard society]。)

华盛顿地区来自于巴哈伊教和塞尔维亚东正教两边的有关泊车场问题的协商者们之间继续发生了什么

这一点姑且不论,需要指出的是,世界上几个主要的宗传统已经在相互对话。这种信仰间的对话虽然有许多更早的先例,但只是有待于 19 世纪晚期一个重要的事件即 1893 年芝加哥的世界宗教议会(the World Parliament of Religions)举行之后才开始汹涌而现。(顺便插上一句:在芝加哥会议上,吠檀多印度教和巴哈伊信仰首次被介绍到美国。)最近的 50 年里,这类对话日益频繁,也成为对宗教感兴趣的知识分子所专注的一个小范围的研究领域,并在几个大的宗教组织(其中有梵蒂冈教会和世界基督教联合会)的部门设置中被予以正规化。此外,有关这一话题的文献已经大量堆积。在此,我们不能够对其进展提供全面的概述,但值得简要地介绍一下在这场信仰对话中基督教的参与者们所采取的主要立场。(注意:同样的范畴可以用来说明非基督徒的立场。)

　　三类典型的立场已被人谈及——排他主义(exclusivism)、多元主义(pluralism)和包容主义(inclusivism)。排他主义者的立场对相对化过程几乎不予承认:基督教作为绝对真理以振铃般的声音再次得到重申。正如预料中的,这大概与教义的正统性有关(不管天主教徒还是新教徒皆如此)。然而,把这种立场等同于对其他信仰坚持者之敌视和轻蔑将会极不公允。实际上,该立场的拥护者们经常伴有尊重其他宗教传统的态度,甚至在很多方面乐意向这些传统学习和借鉴。但是,就被视为信仰核心的一大批典型的教义命题而言,却不容许有认知妥协的存在。

相比之下,多元主义在承认其他传统的真理性地位以及在认知交易过程中放弃一定数量的基督教历史教义这两方面尽其能事,已经走得够远。多元主义立场的一个重要代表人物是英国的新教神学家约翰·希克(John Hick),一位异乎寻常地多产和能言善辩的作家。希克灵机一动地想到了一个生动的比喻:他提倡宗教思考的"哥白尼式革命"(Copernican revolution)。根据历史传统,基督徒一直认为他们的信仰是世界上一切事物围绕旋转的中心。现在,希克建议则道,他们应该将其信仰视作环绕绝对真理的太阳旋转的行星之一。我们不能够充分地到达绝对真理,我们只能通过自己碰巧坐在上面的一颗行星的视角去部分地理解它。这是一个很有吸引力的比喻,然而,希克似乎将一些"行星"根本没有面向太阳的可能性这一点排除在外——换言之,他似乎暗示所有的"行星"视角都同等有效。这是一个很牵强的论点,考虑到一些视角间的尖锐冲突。(希克意识到这一问题,他试图以道德效果的方式在各种信仰间做出区分而加以解决:各种宗教都是"真的",因为他们产生了"好的"信徒。然而,如果宗教与真理问题有任何关系的话,这是不能令人信服的分辨标准。以科学作类比:相对论的有效性不取决于爱因斯坦是一个好人。)

诚如所料,包容主义立场属于中间路线:它继续强烈地声称某一传统的真理权利,但在接受其他传统的真理可能性方面愿意走得更远一些,并且在做出程度不等的认知妥协方面愿意放弃所坚持的传统的某些因素。如果采取这一立场,就必须有一些方法,在信仰的中心和边缘之间作出区分（后者落入 adiaphora［琐事］或"无甚大碍的事情"的范畴之下）。有了这一区分之后，就能够决定传统中究竟有哪些元素无论怎样都必须全力捍卫、哪些元素可以放心地让其流失。

当然，用韦伯的术语来说，这三种立场都是"理想型"（ideal types），其间的分界线不总是清晰的。尽管它们能管用，但在经验过程中，每一种都带有一定程度的危险性。就当代文化的许多重要方面而论，排他主义者可能会发现自己处于与之对抗的位置之上——倘若有相对化的压力，这是一种难以维系的立场，并可能突然瓦解为各种形式的相对主义。多元主义者迟早要面临这样的事实，即：一些"他者"（others）是如此的不合理或令人厌恶以至于不可能被认为是真理的持有者——这一认识或许会使他陷入到拒斥真理可能性的虚无主义，或者，通过逆反的方式，将其抛回到排他主义立场。对于包容主义者来说，危险在于：对于备选对象高度困惑，什么应该被"包容"而什么不被"包容"尚不太清楚。

尽管西方世界中大多数人倾向于包容主义立场，但正式宗教对话的所有这三种立场也能够在普通老百姓的层面得以发现。在工作中、在隔开两个庭院的藩篱处或在与宗教组织的授权代表围坐在一起展开教义讨论的那种会议室离得很远的其他场所，他们谈论宗教。宗教组织之间的对话通常莫名其妙地带有某种国家边界磋商的性质。譬如，想象一下来自天主教和路德宗的神学家们花费几年时间致力于"称义"（justification）问题的教义讨论。再想象一下他们最终达成双方都同意的某些表述,并向世界宣布这一特定的教义至少不再有必要把这两种教会分隔开来。好的,不用再想:这一情景在现实中实际上已经发生。可是,有人会问:到底有多少天主教和路德宗的平信徒对各自教会的正规教义有最起码的认识,或就此而言,对这类教义真正感兴趣?更有甚者,人们可以进一步地追问:这一艰苦达成的神学和解是否与普通教会成员那类充满生命力的虔信感有任何的关联?最后,必须设想在这两个平信徒群体中继续存在着本质上的区别——恰是被神学家所包裹、掩盖起来的各种区别。

比如说,以两个十岁的小女孩为例。她们同住在一条街上,在一起玩耍,并且有时候会讨论宗教——通常是因为这样或那样的生活实际所引起。其中的一个女孩是天主教徒,而另一个则是犹太教徒。信奉天主教的女孩或许听说过犹太人认为自己是上帝的选民。犹太教女孩也大概对某个人曾告诉过她的话感到困惑——天主教徒认为唯有他们的教会才拥有圆满的真理。在这些讨论中,她们会采纳什么样的立场呢?两个女孩大可都采纳排他主义的立场——是的,这正是"我们"所相信的,尽管你我可以继续做朋友,但这些分歧将保持不变。如其不然,其中的任何一位也可以是多元主义者:通往上帝之途殊途同归;天主教徒和犹太教徒最后乃是在同一条船上,谁都不知道什么将被证实为终极真理;而且,在此过程中,我们要彼此宽容。如果他们都采取多元主义的路线,天主教女孩将放弃"唯一真正的教会"的观念,而犹太教女孩将不再坚持"被拣选之民"的看法。然而最有可能的是,这两位女孩将以包容主义者的态度而告终:犹太教女孩修正她以往所坚持的关于耶稣的消极看法,但不会成为基督徒;天主教女孩认可在其教会之外诸如犹太教里面也能够发现真理,但却继续参加弥撒、诵念玫瑰经,或许也会显示出对教皇的竭力效忠。不用说,这两个十来岁的女孩受到了对她们来说非常重要的成年人——父母、老师、神职人员——以及她们活动于其中的同龄人群体的极大影响。

在宗教学者和一般信众(无论是十来岁的儿童还是成年人)这两个层次上,包容主义的立场最为常见,正如以上所观察到的。相对而言,很少有人会皈信到和自己从小就生养其中的信仰完全不同的另一种信仰之中。在某种特定传统中的早期社会化过程所形成的情感牵掣力是很强烈的,并被家人和朋友的不断影响所强化。故而至少在西方社会,大多数人会热衷于如美国宗教社会学家罗伯特·伍斯诺(Robert Wuthnow)所说的"拼缝式宗教"(patchwork religion)。也就是说,他们用取自于原有传统和其他传统的边角碎料拼缝出个人的宗教"被褥"(quilt)。法国社会学家达尼埃尔·埃尔维厄-莱热(Danièle Hervieu-Léger),使用了 *bricolage* 一词用以描述大西洋彼岸所发生的同样现象。(她对这个词的使用和人类学中的用法很不一样,后者可以追溯到克劳德·列维-施特劳斯[Claude Levi-Strauss],是他首先创造出这个词汇。) 这个词可以意译为"修修补补"(tinkering)——有如一个人用不同的乐高积木(Lego pieces)搭建房子,有时会产生出独特风格的建筑。就上述"拼缝式宗教"而言,不管添加任何的其他元素,原有的宗教传统依然是主导的。如此一来,个体可以是天主教徒——他自己和别人都能分辨得出——然而,更准确的说,他是"天主教徒,但是……"。这一"但是"的内容,可以和教会希望其成员所信奉的东西相差很远。例如,欧洲的资料显示:那种自我定位的天主教徒的数量大得惊人,而他们却相信轮回转世。纯粹意义上的排他主义者和多元主义者在现实生活中都很少见。

包容主义的倾向也可以在道德领域中观察得到。在美国,所谓的文化论战是在来自于保守主义和进步主义两边忠诚的活跃分子之间展开。是的,这些活跃分子已变得很有影响——实际上,他们已经成为两个主要的政治党派结构的重要组成部分。随着两边力量的搏击,这场文化论战已是硝烟弥漫、变得非常地真切。然而调查资料显示,当面临冲突双方为之开战的大多数热点问题时,多数人将会坚持某种程度上的中间立场。故而,大多数的美国人并不喜欢堕胎并希望对此予以限制,但又不愿使之变得不合法;不赞成同性恋,但又愿意认可由同性所构成的民事伴侣关系(civil unions)之存在(只要不叫作"婚姻"的话);等等。和宗教一样,在道德领域,多数人对于那类露骨的相对主义皆表示不齿,但同时又对绝对论者所宣扬的这样或那样的价值系统或世界观保持警惕。

"相对化的辩证法"意指什么？

以上叙述的大部分内容可能会以这样的方式被解读：相对化似乎是一种势不可挡的直线式发展过程。我们以前所讨论的现代化理论也可能被这样理解。然而，就总体的现代化过程而言，其相对化的特定关联不是直线式、势不可挡的。相反，相对化导致了一个辩证过程，由此过程，在某些境况下它能迅速突变为一种新形式的绝对主义。理解这一辩证过程非常重要。

相对化，尤其是在它的早期阶段，普遍地被体验为一场大解放(a great liberation)。19世纪和20世纪大量美国和欧洲的文学作品对这类体验已做出详细的描述。一般而言，这典型涉及到由那种偏僻的乡土环境转入至现代生活的广阔视野的过程中个人生活轨迹所经历的转变。通常这类生活经历发生在城市化的背景中：男、女主人公从一个小村庄或小城镇转移到大都市。都市化的巨大转变出现：原有的偏见和迷信被抛弃，新的思想和生活方式被给予热烈拥护。该体验的一个重要方面是：以往不敢想象的大量选择出现在个体的面前——职业、私下的人际关系、政治的和宗教的价值等诸多方面的选择，甚至包括一个人自己身份的界定。没有理由怀疑，对男、女主人公来说，这一体验是多么令人振奋！实际过程中所发生的，也通常正是如此。

辩证法在哪儿？很简单：最初被体验为一个大减负

(a great unburdening)的相对化,现在则摇身一变,成了一个大重负(a great burden)。如今,个体以一种怀旧般的心情回眸过去曾经有过的绝对性。或者他或她会去寻求新的绝对性。现在所追求的解放,则是从相对性的重负、从现代条件下的多样性选择之中解脱出来。

选择之重负的性质在一则老生常谈的美国笑话中被准确地捕捉到了——诚然不是一则很好的笑话,但在这里却很能说明问题。想象一下一个温暖的南方州郡的环境,两个朋友在此相遇。其中一位对另一位说:"你看上去很消沉,为什么会如此?你还在失业吗?""不,"另一位回答道:"自上周开始,我有了份新的工作。""噢,什么工作?""唉,在桔树园。我坐在树荫处,采摘者把桔子递给我。我把大的放进一个篓子,小的放进另一个篓子,而不大不小的则放进第三个篓子。这就是我整天要做的事。我坐在树荫底下并把桔子放进篓子里。"朋友说道:"我不理解。对我来说,这听起来倒像是一份颇为轻松的活儿。为什么你会垂头丧气?"回应道:"所有那些选择!"

在德语里,有一个很有用的短语——*Qual der wabl*(选择之苦)——传达了这位桔子分类者的感受。人类如此深刻地感受到做出选择的无奈,这大概根源于人种的生物学构成。由于这一点,对盖伦所言制度性"后台"的需要也就应运而生。回忆一下前面所讲的:如果那些制度在强有力地运作,对个体而言,选择本身就变得毫无必要起来——至少在被制度组织起来的他或她的生活部分。但与此同时,还有一个"前台"的存在,选择行为在其中也就变得不可避免。正如我们已经指出的,现代性极大地扩展了这一"前台",事实上加剧了不得不做出选择的痛苦。

上述情况在人们那里会引起不同的反应。可能绝大多数人处理选择之重负这一问题的方式与面对死亡的不可避免性一样:使自己沉溺在生活的忙碌之中,以尽可能不去反思的方式在这些绕不开的各种选择间做出决定,并且尽力蒙混过去。(这也许不是坏事,或许有人会这么认为。)此外,典型地,也有一小部分人会去真正思考,并提出这样或那样的处理那些选择的模式。在本书,我们则关注追随权威的那群人,而权威会宣布一种绝对的、最终正确的选择方案。

埃里希·弗洛姆(Erich Fromm)在一本题为《逃避自由》(*The Escape from Freedom*)的书里,对极权主义(totalitarianism)心理做出解析。尽管有人对弗洛姆的心理分析观点颇为质疑,这本书的书名却定得很好。极权主义运动正是逃避自由之重负的一种尝试,而极权主义实际上是某种类型的解放。被"所有那些抉择"吓倒、惶恐不安的个体,现在则被赐予以被更新过的绝对性之礼物,从而得到抚慰。我们前面提到过让-保罗·萨特所说的"人被宣判为自由"的观念,并且指出,尽管这一命题作为对人类状况的描述或许不具有普遍有效性,但却恰当地道出了现代人的生存状况。据此,新一轮的绝对主义就是通过群情激昂地拒斥去服从萨特式"宣判"的结果而得以重焕生机的。

这是对相对化的一种断然拒斥。新一轮绝对主义的各种版本的建言者通常给出非常诱人的信号:"你对各种宗教可能性的'拼缝物'感到迷茫吗？过来,投向我们提供的真正的信仰吧！你将会发现:自己与自我、世界皆能处于和谐的关系状态之中。"类似的一类信息在兜售着,以消解道德、政治、生活方式诸领域的多样化选择所带来的眩晕感。这类信息也并非虚诳:狂热分子(fanatics)较之于每一天都与相对性挑战作抗争的人们来说,更为平和,更少精神分裂。此类平和,当然,也伴随着代价的付出。萨特的另一个概念对这类代价说得很好——"虚假意识"(mauvaise foi)。萨特把此描述为"佯装"(pretence),即:一个人实际所选择的,反过来,却成为超出个人选择、强加其自身的一种必然。萨特给出一个猥亵性质的例子:一个男人正在勾引一个女人。他顺着她的大腿往上摸。她意识到他的手在向上游移,却没有阻止他,装作什么也没发生。换言之,尽管她选择被勾引,但却通过好像什么也没发生的行为来"拒绝"这一选择。这种"拒绝",萨特说,正是"虚假意识"。我们补充一句:作为所有狂热主义核心要义的向绝对事物之臣服也是如此:"我并没有选择这一真理,它选择了我。它强加给我,我没法阻挡。"尽管此类自欺可以伪装得很好,但不论如何地被压制,这样的记忆却常常会浮现在当事人的脑海之中;这一"真理"实际上是被选择的结果。如果这样的记忆不断持续,新的绝对主义可能会垮台——然后,辩证过程重新开始。故而,在每一位相对主义者那里,有等待绝对确定性出现的狂热主义成分;在狂热主义者那里,有等待从所有绝对之中解放出来相对主义因素。在我们讨论基要主义时将回到这一辩证法。

　　这一章的大部分内容我们集中讨论宗教。重要的是要重申：各种属于认知和规范的世俗意识形态或世界观同样也不例外,落入到对相对化之结果或拥护、或叛离的同一辩证运动的过程之中。绝对确定性之允诺可以采取多种形式,宗教只是其中的一种。

第三章 相对主义

相对化只是一个简单的事实,是现代发展的一个结果。有人谴责它,有人适应它,也有人欢迎它。相对主义最好被理解为三种选择中的最后一种:相对性被拥护,赋予明确的规范性地位。第二种选择属于中间,在对这一事实的承认和拥护之间:并不欣然于此,而是将其视为必然,且相应地调整自己的行为。

相对化如何影响人们去看待宗教和道德的"他者"?

罗马天主教会对自己在那些被称之为"基督教世界"的国家里垄断权力之丧失的递进式反应,清楚说明了以上所列选择方式的其中两种。16世纪的新教改革乃是对其往日垄断地位的最为重要的一个挑战——罗马绝不愿意接受这一事实,而是尽其所能试图阻挡现代化的进程(选择一),必要时诉诸武力。当这场改革被证明是不可扑灭的,教会集团没有其他选择,只有去适应相对化的既成现实（选择三）——并不是一开始他们的想法就变了，而是因为无法改变的形势束缚了他们的手脚。在当时的形势中，欧洲的宗教战争以签订威斯特伐利亚和约（the Peace of Westphalia）而告终，宗教裁判所淡化为某种程度的无害（inocuous）机构，而一种谦恭礼让的风范进入到天主教徒与新教徒的交往关系之中。很久以后，在20世纪60年代，随着宗教自由声明的发表，在对待新教徒这些"另起炉灶的兄弟们"的态度的问题上，第二届梵蒂冈公会议迈开了重要的步伐。但是即便如此，它依然没有认可相对主义。天主教仍旧是去适应而非热衷于相对化。如果对这一事实还有任何疑问的话，看一看最近的教皇通谕就能明白。这一通谕断然拒绝相对主义的选择，重申罗马天主教会乃是拥有完整基督教真理的唯一宗教实体。

拉美地区曾被认为是牢不可破的天主教世界的一部分，但新教在此的快速发展（多半以五旬节派的形式）却使天主教会面临着相当大的挑战。曾有一些主教很乐意使用粗暴的办法以摆脱这些挑战——事实也曾有旨在反对新教教会和信徒的暴力事件发生。但罗马教廷却采取一种更为温和的办法：教皇本笃16世（Benedict XVI）在第一次访问拉美时，说过新教是一种危险的力量（在此，并无普世性宗教的那种礼让风范），但他并没有建议过任何形式的打压措施，而是提倡开展某种深入的"福音化"运动，以重新赢回从天主教牧群中走失的那些人。换句话说，天主教意识到相对化这一事实，并且教会的行为也已相应地修正，但相对化还未曾被赋予以规范性认可的地位。

正如我们在前面的章节所讨论的,多元主义者的立场——如约翰·希克的著作中典型体现出的那种我们称之为"相对主义"的东西——在对待信仰之间关系的问题上,实际上是把相对性作为宗教史上的一个重要阶段加以拥护。宗教的"他者"不但被给予尊重、承认他们以不同于自己的方式去信仰和实践的自由,而且"他者"的世界观亦被认为是理解现实的一个富有启发性的视角。换言之,"他者"作为有效真理的先锋被拥戴。

这种类型的相对主义不仅仅限于宗教,同样也适用于道德。以相对主义的观点视之,没有单一的、普遍有效的伦理体系,而只有各种道德的价值和行为,或者,实际上所有的人类文化对自己所属的某个特定伦理传统皆能够真正地有所添益。当然,这种类型的相对主义也通常会有例外——比如说,那些实行人祭、奴隶制或把女人作为劣等生命对待并使这些现象合法化的文化,将不被认为对伦理会有贡献。每一个社会必须在可以接受的行为和不可接受的行为之间划定界限。

界限的需要在目前欧洲关于伊斯兰教挑战的讨论中变得非常明朗。一些穆斯林的行为被普遍认为可以接受——诸如个体在工作时间做祷告、女人用头巾包裹头发(尽管有人会对此不堪忍受)等。其他一些行为则明显是不可接受的,如"荣誉谋杀"、女性的割礼以及(在实践方面,甚至在理论上)对想改信其他宗教的穆斯林之死刑处决。但是,在这两极之间,却也存在着明显的灰色地带(gray areas),例如:是否允许父母将其女儿从有男生参加的体育运动中召回？法律条文和伊斯兰教教规相抵触乃是亵神？换句话说（回到我们前面提出的问题），通常被诉诸和援引的"欧洲价值观"之界限是什么？

相对性颂扬的最后阶段比真理很难获得这类否定的看法更进一步，直接断言真理的观念本身并无意义并应该被抛弃掉。一个人不仅难以逃离由社会和历史的处境所决定的偏见，极端的相对主义者还进一步认为这种逃离根本不可能，而且最终分析起来也无此必要。没有诸如客观真理之类的事物。实际上，没有可以得到客观验证的事实，有的只是不同的"叙事"（narratives），且它们同等有效。这正是所谓的后现代理论所采取的观点，本章的后面将会谈及于此。

以个人在时空中的处境说明关于世界的信念是相对的，这一见解并不新鲜。例如，希罗多德（Herodotus）、伊本·赫勒敦（Ibn Khaldun）都曾谈到过——他们恰被时空所隔离。根据现代西方思想史，在17世纪，它首先由帕斯卡（Pascal）简练地提出——他说："在比利牛斯山脉的一面是对的，在另一面或许是错的。"在帕斯卡的思想中，这和他的另外一个著名的命题有关，那就是信仰的赌博说：由于人们对于宗教的真理并无把握（恰因为所有真理性断言都具有相对性），信仰在一定意义上是场不会输掉的赌博。如果宗教是真的，一个人的信仰在来世得到令人称羡的证实；如果它是假的，没有来世，但却没人知道。

现代西方哲学肇始于17世纪的勒内·笛卡尔

(René Descartes),他将怀疑提升到一种基本的方法论原则的高度。如果一切事物都可以诉诸怀疑,他说,一个人能确认什么？笛卡尔回答了这一问题,宣称不能怀疑的一个事物乃是正在怀疑的自我。换言之,确定性的寻求被还原为对主体自我之现实性不容置疑的认定,即"我思故我在"(Cotigo ergo sum)。这一命题已被称之为伟大的"主体性转向",主导了西方哲学几个世纪。

与此同时,这一自我的观念,由于其相对性内涵的不断被洞悉,也正在日益销蚀：它不是一个具有普遍性的观念。在古代思想中,个体自我通常植根于宗族或部落的集体自我之中："我正是我的部落所是。"或者,套用笛卡尔的格言："我的部落在,故我在。"即便在复杂的理论思考层面,所谓的自我确定性也不能被视为理所当然。在《奥义书》这部可认为是印度思想的制高点的经书中,个体自我最后同一于宇宙本身最为内在性的实在,即：阿特曼(atman)汇入大梵(brahman)。而且更为彻底的是,所有佛教派别的基本命题之一就是否认自我的实在性。

什么是后现代主义,它如何融入西方世界观？

在现代西方思想中,日益深化的相对性感受以及因此而来的所有关乎现实界定的不稳定性的感受,和三位杰出的人物有关,他们的思想已经并继续发挥着巨大的影响——马克思、尼采和弗洛伊德。马克思(在前一章里,我们提到过他是现代社会学的创始人之一)宣布真理的观念是相对的,受制于个体的阶级立场。思想是"上层结构"(superstructure),受决定于不断进行的阶级斗争这样的"下层结构"(substrcture)。尼采通过权力意志(the will of power)更为普遍地发现了相对性。他认为,思想乃是权力斗争的工具。弗洛伊德则从另一个角度出发,把思想看作是潜意识渴求的理性化。所有这三位思想家都展示了尼采所谓的"怀疑的艺术"(art of mistrust),而后者必然建立在人类思想(包括对自我的看法)与个体的社会和心理条件相关联这类见解的基础之上。在整个20世纪,这一"艺术"由知识社会学、后弗洛伊德心理学乃至神经科学领域大脑活动方式研究的种种发现所拓展。正是在那个世纪的伊始,厄恩斯特·马赫(Ernst Mach)指出:自我的概念已变得站不住脚(*unrettbar*——unsalvageable[不可拯救的])。但是,依然可以说相对化者(relativizers)自身也在不断地被相对化,并在此过程中相对主义被归结为荒谬。

"怀疑的艺术"发展的新近阶段乃是所谓的后现代理论。它主要和20世纪两位法国的思想家有关——米歇尔·福柯(Michel Foucault)和雅克·德里达(Jacques Derrida),尽管在美国,这一思想方法略显温和些的形式由理查德·罗蒂(Richard Rorty)所倡导(他把这一理论和美国实用主义传统派生出来的思想相嫁接。后者特别由约翰·杜威[John Deway]传播开来)。虽然福柯和德里达都承认受益于尼采,但作为一种彻底的认识论革新,后现代主义毁誉参半。鉴于以上所勾勒的思想史背景,后现代主义构成一场认识论的大突破这一看法或许可被质疑(虽然它带来了某些新奇的思想,创造了远非稍微有点儿晦涩的词语)。但不管怎样,却可以说后现代主义者的理论的确代表了相对主义传统的一种非常激进的重新表达。

在上述三位重要的后现代思想家之间存在着各种分歧(罗蒂本人前后也不一样,他对自己早期的激进立场有所偏离)。但是,后现代理论的主要主张可简要概述如下:

被认作是"知识"的东西通常是(如尼采宣布的)权力斗争的工具。所谓知识与利益无涉的各种断言应该被打发掉。在权力利益之外没有客观的事实。客观性的观念只是个幻觉而已,实际上它自身即受到特定的权力利益支配。例如,欧洲学者声称他们能够客观地通晓中东的社会和文化,但这种所谓的客观知识实际上不过是帝国主义和殖民主义的工具而已。(这一例子在爱德华·萨义德[Edward Said]的《东方主义》一书中得到了著名的阐述。这本书被奉为后现代主义的理论偶像。)

尽管没有客观有效的知识体系,却有不同的"话语"(discourses)存在,这些话语通常为既存或正在向往的权力结构服务。每一种话语都是一个"叙事"体系,故而有殖民主义者和反殖民主义者的叙事。如果权力结构改变,以前的叙事也必然随之改变。例如,日本的民族主义培育出一种英雄军国主义的叙事;随着二战时日本的战败、权力落入到一个民主政权手中,日本作为一个和平民族的叙事开始出现。自那以后,旧的和新的叙事一直在竞争,关于哪一种为日本历史的正确叙事的论辩在国内政治(像历史教科书的争论)和对外关系(像中国和韩国一直在竭力地反对日本的帝国主义意识形态在教科书中有所体现)中非常突出地显示出来。试图去决定哪种叙事具有更大的有效性乃是一种错觉。在不同的叙事间没有真理的等级,因为至少在原则上,所有的叙事都同等有效,去讨论哪种叙事更接近真理乃是徒劳。实际上,一个人反倒必须去"解构"(deconstruct)所有的叙事,这意味着对它们在这样或那样的权力利益关系中所依赖的基础加以展示。从上述介绍中可以看出,以上所言乃属于被贯彻到极端程度的相对性。最激进的后现代主义者(著名的有德里达)提议人们应该放弃通过理性和经验科学去发现真理的整个方案(德里达称此方案为"逻各斯中心主义")。就这一方案是现代性的中心来说,该提议即是要放弃现代性。换句话说,必须拒绝承认启蒙运动。

相对主义者如何避免把自身相对化?

所有版本的相对主义都有一个共同的问题:相对主义思想家如何使他们的思想本身免受相对主义的"解构"?毕竟,每一位相对主义者在时空中都有特定的处境。如果这些人的理论路数是正确的,和其他人一样,他或她的思想必然也受这一处境所决定。换句话说,相对主义者的思想只不过是众多其他同等有效的"叙事"中的一种。为解决这一问题,不同版本的相对主义已提出有时被称之为"认知精英"(epistemological elite)的说法——被认为是可以避免遭受相对化之蹂躏的一批优秀人物。这批精英享有真理的唯一看护权；其他任何人"都得不到它"。不用说，相对主义思想家必须声称他们是这群精英的成员、真理的同道看护者。

马克思主义的历史很清楚地(也很有趣地)说明了这一问题——如何使相对主义思想免受相对主义的解构——以及解决它的不同尝试。马克思的思想具有高度的相对主义性质：思想不能按照其自身而是要作为阶级利益的意识形态表达去理解。那些不能据此而理解思想的人们(例如所坚持的思想有别于马克思的)都处于"虚假的意识"之中。那么，谁有正确的意识？基于一种非常复杂的论证过程，马克思把这类意识归属于无产阶级。由于被压迫的状况，这一阶级免受意识形态的扭曲。也就是说，无产阶级即是认知精英。无产阶级的头脑充满正确的意识，因此被授权成为革命的承担者。这里，撇下了一个疑问，即：马克思——一个毫无疑问是资产阶级出身的个体，在其职业生涯的大部分时间里一直受一位成功的资本家即弗里德里希·恩格斯(Fridrich Engels)的资助——怎样设法去成为以上所言的认知精英中的一员？大概一个人可以成为一种名誉的无产阶级(也可以说被吸纳为无产阶级)。格奥尔格·卢卡奇(受新马克思主义爱戴的一位作家，地道的匈牙利资产阶级出身)是另一个明显的例子。

后来的马克思主义发展史显示出种种努力以处理一个棘手的事实：无产阶级并未展现出马克思的理论归

之于它的那类正确意识。他们非但没有成为革命的承担者,发达资本主义国家的工人阶级反倒效忠于社会民主党派和(或者)工会,这些组织寻求改革资本主义制度而不是发动革命去推翻它。第一次马克思主义革命在工人阶级很少的俄国取得成功。这场革命由资产阶级知识分子如列宁和托洛茨基领导,并从农民和边缘化群体(那种常与黑社会犯罪组织交叠、马克思称为"流氓无产者"的群体)中招募军队。无产阶级之顽冥不化这一棘手事实导向一个简单的律令:认知精英必须安置在它处。

列宁把精英定位于共产主义政党,这一政党被认为是"工人阶级的先锋队"。如果工人阶级不能够或不愿意完成其革命使命,政党将代表它去完成。当然,这一重新阐述在政治上很管用:党成为独有的真理储藏库;在党的路线(即便路线富有戏剧性地变换着)之外的任何思想故而都是虚假意识。压倒一切的准则很简单:党一贯正确。这一准则所导致的精神扭曲,在将列宁的政党概念被逻辑地贯彻到极致、导致大肆杀戮后果的斯大林时代的文献里,有充足的证据。典型的文献个案是阿瑟·库斯勒(Arthur Koestler)的小说《正午的黑暗》(*Darkness at Noon*)。这部小说的情节发生在20世纪30年代的血腥清洗时期。主人公,一名忠诚的共产主义者,对一长串旨在反对苏维埃政府的罪行指控供认不讳,明知道所有这些指控都是假的而且他必将被处死。在那个时期常见的一个公开的审判场合,他承认自己犯下了这些被捏造的罪行。他这么做,并不是因为他受到肉体折磨、或他的家人受到了威胁、或被许诺将得到宽大处理。原因在于：审讯者使他相信，这是他向自己毕生效力的党最后的一次尽忠机会！无疑，这类意识形态的自虐自然也有其宗教的对应形式存在：永无谬误的党只不过替代了永无谬误的教会。回忆一下罗耀拉·伊纳爵（Ignatius of Loyola）的话，大意是：如果他观察到有东西是白的，但教会宣布是黑的，他将乐意宣称是黑的。

并不奇怪，具有较多人道主义倾向的马克思主义者与列宁那种自利性质的政党概念显得格格不入。德国共产党的宣传家、在一战后不久被右翼民族主义分子谋杀的罗莎·卢森堡（Rosa Luxemburg）找到了认知精英问题的另一种解决办法：精英被认为是她所称之为的"殖民地民族"—— 很晚才被正式命名为"第三世界"。根据这一观点，整个的发达世界，包括改良主义者的工人阶级，构成了"资产阶级"。阶级斗争在它与被殖民的"无产阶级"（重新确立的概念）间发生。

卢森堡的思想在那个时候影响不大，但在后二战时代的"第三世界主义"（Third Worldism）那里却重获新生。西方马克思主义者（实际上是左派分子或一般意义上的反正统文化的西方人）在拉美、非洲和亚洲的革命运动中寻找真理。"有马克思主义倾向的"解放派神学家说服拉美主教们，呼吁教会必须有一种"偏袒穷人的选择"（preferential option for the poor）。此类"偏袒"尽管一般以政治的方式被诠释——"教会应该时常与穷人的需求相结盟"——有时在认知上也得到运用——"穷人一贯正确"。后一准则也导致了一些触目惊心的精神扭曲:在发展中国家,各种残暴和堕落的运动群体被群情激昂地拥戴着,因为它们被认为是在代表穷人而行动。穷人并没有推举这些群体作为代言人,但这无关紧要,正如欧洲和北美的工人阶级没有推举共产党作为他们的先锋队一样。

安东尼奥·葛兰西(Antonio Gramsci)或许是最具吸引力的马克思人文主义者。他在意大利法西斯政权下度过了很长时间,在监狱里写出了大部分著作。他解决相对化者被相对化的问题较之列宁和卢森堡更富想象力,但依然免不了尴尬的自利性质:认知精英竟然是知识分子!为得出这一结论,葛兰西必须修正主流马克思主义的上层/下层结构模型。传统观点认为上层结构(除"文化"这一观念所包含的所有内容之外,亦包含思想的世界)直接受下层结构(特别是阶级系统及其冲突)决定。列宁走向极端,称上层结构是下层结构的直接"反映"。葛兰西摒弃了这种决定论,认为上层结构有其自身的动力并能反作用于下层结构。当然,这一动力的承担者是知识分子。不出所料,这种观点在知识界特别是在学生中深受欢迎。在20世纪60年代欧洲和美国的社会动荡中,许多叛逆的学生以葛兰西的方式理解他们的社会角色:他们是真正的革命者。卡尔·曼海姆(Karl Mannheim)也得出类似的结论,虽然通过其他不同的路数。曼海姆是一位匈牙利出生的学者,他把所谓的知识社会学带到了英语世界。他坚持所有的人类知识(纯粹数学可能是例外)都是由社会情境所决定——也就是说,有其历史学和社会学意义上的相对性。但又声称,有一个群体免受这一决定论——知识分子群体。曼海姆称这一群体为"自由漂浮的知识分子"(*freischwebende Intelligenz*)。在曼海姆看来,他们之所以获得对相对化过程的免疫能力,乃是由于阶级利益的无涉性——这类无涉性赐予知识分子一种自由,可以不受虚假意识所玷污从而客观地观察现实。曼海姆知道知识分子并不总是扮演这类角色,但他是作为一种标准化的可能性而提出的。

尼采把认知精英锁定在"超人"(superman)的神秘理想之中,"超人"通过思想的那种禁欲式的净化从而超越庸俗利益。尼采不是社会学家,因此这一优越人种的社会定位在他那里依然悬而未决,或许应被理解为仍有待于将来。尼采的思想被纳粹分子重新拾起并以人种的方式界定"超人"的优越性,但尼采本人并不对其思想被纳粹所利用和发挥负有责任。

弗洛伊德,另一个相对化者大家,把心理分析看作是能够有效穿越作为压抑和理性化结果的虚假意识之途径。认知精英,当以弗洛伊德的方式看待时,乃是经历过心理分析的群体。这种视角提供了处理认知失调的一个高度有效的方法:任何争辩心理分析的结果的人都是在"抗拒"令他感到不安的真理;只有已经通过这种分析过程考验的那些人才能够理解这些真理——其他人"只是没有搞懂它"。

那么,后现代主义理论呢?可以认为,对后现代主义者来说,精英群体由掌握了这一思想学派佶屈聱牙、晦涩难懂的术语的那些人所构成。那些正渴望在文献资料部门获得终身职位的青年学人会立即明白这一点。

"你只是没有搞懂它"这类表达式——等于说,除非你是我们中的一员——已经在这样或那样的思想学派的范围之外传播得很远。例如,女权主义的意识形态宣称,你必须是一个女人才能理解女人被压迫的事实。同样,"黑人意识"(black consciousness)的意识形态也宣称只有非裔美国人才能理解非裔美国人的忧虑。换之以性别、性倾向、人种、种族或任何其他的集体身份——你将会遭遇到以上所言相对主义性质的表达式。

相对主义错在哪儿?

相对主义最重要的错误在于认识论。简单地说,所有形式的相对主义都夸大确认真理的难度——至少就真理能够被经验地加以探索而论。但是,在这个世界上存在着许多事实,在弄清这些事实的探索过程中,**客观性是可能的**。

有形实在的真实性对每一位没有被哲学的抽象思辨所攫住的人来说,都是不证自明的。在哲学史上有一个有趣的事件,说的是贝克莱主教向约翰逊博士解释,没有办法去证伪外在世界只不过是想象力臆造之产物这样的命题。很明显,这样的谈话出现在两个人正在散步的时候。约翰逊博士在路上用脚踢起一块石头并宣称道,"我证伪了它!"路面上的一块石头这一有形的事实能够被任何具有理智头脑的个体所确认——与阶级、人种、性别等无关。

也同样存在着可以被证实的大量社会事实。在社会学发展史上具有开拓性的命题之一乃是埃米尔·涂尔干的教导:"把社会事实视为事物"。什么是"事物"?是指把自身强加于我们的那些东西,不管我们的喜好是什么、是否和我们的意愿相背离。这种"事物般的性质"(thing-like quality)为所有的功能性制度所具有,最早可以从语言那里得以发现。故而,当一个人学习一门外国语时,可能会抱怨它的语法不合逻辑、发音很难听等,但语言老师会回答说:"对不起,这正是这一特定语言的语法和发音——如果你想掌握这门语言,最好学会它们。"现在我们知道,语言以及其他的各种制度可以被改变,有时是有意地被改变。但只要制度在一个社会里被牢固地确立起来,他们就带有这类真实性。以法律为例:又或许有人认为它不合逻辑、不明确甚至不道德等。律师也可以像老师对于语法的抱怨那样回应道:"对不起,不管你喜爱与否,这正是应用到你案子里的法律。"

正如前面所提到的,被后现代主义者大量使用的一个术语是"叙事"。它被认为位于可以通过"存在在那里"的那种所谓虚幻的现实性加以验证的东西的范围之外。利奥波德·冯·兰克(Leopold von Ranke)是19世纪的一位德国历史学家。他把历史学界定为力图理解"真实发生的事情"(wie wirklich geschehen ist)的一种尝试。对此,后现代主义者拒绝予以接受,认为这样的想法是虚妄的,而且可能并不受欢迎。根据后现代主义者的观点,没有事实,有的只是叙事,所有的叙事在认知方面的地位一律平等（如我们已经看到的,尽管某些叙事在认知上享有特权——那些无产阶级的或心理分析的叙事等）。

为了更好地明白"事实"和"叙事"这两者性质的不同,让我们看看在本书写作期间与中、日关系问题密切相关的一个历史事件争议的例子——即所谓的"南京浩劫"(Nanjing rape)。一批历史学家为了证明当时到底发生了什么付出了艰辛的努力。压倒性的证据表明:在攻陷中国当时的首都之后,日本军队致力于大肆屠杀、强奸和掳掠行为,成千上万的市民因此被杀害。能够通过归结为叙事的方式去否认这些事实？如果分别有一个日本的和中国的叙事,去追问其中的哪一种更接近于事实难道是徒劳之举？同样的问题能够就大屠杀事件(the Holocaust)发问:存在这些事实吗？或者,仅有一个纳粹的叙事和犹太人的叙事并列着？所有后现代主义者能做的,就是"解构"每一种叙事,一直到该叙事所予以合法化的权力利益得以呈露为止。（再反思一下如下事实:一个早熟的后现代主义者乃是后来的纳粹宣传部长约瑟夫·戈培尔[Joseph Goebbel],他叫嚣道:"服务于德国人民的就是真理！"）

诚然,通常情况下,很难达到对于事实的客观描述,观察者的利益和偏见经常横加阻挠且从中作梗。但是,没有理由放弃能够达到客观性的尝试,这类尝试的力量通过对个人利益和偏见的格外留意一定会得到增强。至于尝试是否成功,有一个简单的测试:如果观察者由于证据迫使他去做一些和他本人的利益、偏见相对立的事实陈述,那么他的观察结果有可能是客观的。

现在,以上考虑可以在通过经验可被确认的事实方面得到印证——比如说,通过物理学家、历史学家或社会科学家的经验研究。但也有道德或宗教性质的真理性陈述,而这些陈述并不能诉诸以经验探索过程予以检验。历史学家不能决定奴隶制在道德上是否应受谴责,社会科学家既不能证实也不能证伪上帝的存在。然而在此,理性也能够作为判断这样或那样的道德、宗教之可信性的标准。在本书后面的章节里,我们将会回到这一问题。

在社会科学领域,"建构主义"(constructivism)一词作为指涉后现代主义的思想路数得以流行:没有客观的事实,只有受利益驱使的"建构"。这一术语一开始很可能是暗指彼得·伯格和托马斯·卢克曼于1966年合作的《现实的社会构建》(*The Social Construction of Reality*)一书。据说,马克思曾说道:"我不是一个马克思主义者。"伯格和卢克曼也反复宣称:"我们不是建构主义者。"比较后现代主义理论与伯格、卢克曼对知识社会学所作的重新系统阐述对于认识前者会有帮助。在伯格和卢克曼的书里,"建构"一词或许很不幸,好像它意味着一种无中生有的创造(a creation *ex nihilo*)——似乎是说:"除了我们所建构的之外,别无他物。"但这并非是该书两位作者的真实意图,他们受涂尔干的影响太深以至于不能够同意这样的看法。他们提出的是:所有的实在都服从于从社会角度所源生出的*解释*。大多数后现代理论提出的则是:所有这些解释都同等有效——当然,这有可能会引向关于人类历史和社会的任何科学研究本质上殊途同归的观点。但是，一些后现代主义的理论家却主张，除了我们的这些解释或在我们的解释之外什么也不存在——这接近于临床医学所认定的精神分裂症的症状。在此状态下，一个人不能把现实和他的幻觉区分开来。简单说，在后现代主义与把自身理解为经验科学的知识社会学之间，存在着天壤之别。

所有形式的相对主义和日常生活中的普通感知经验相矛盾（也即是约翰逊博士踢起一块石头时所想到的）。普通的感知是对虽然违抗我们的意愿但能通过合理的程序客观获致的外在世界的实在性的认识。即便一个后现代主义理论家在日常生活中也会运用到这类认识。假设一个后现代主义者咨询医生，他想知道肿瘤是良性的还是恶性的。他希望医生给出一个建立在客观诊断方法基础之上的答案，并且在这样做时，不予考虑自己对病人的私下情感。或者，我们假设一个学生向老师提交学期论文。她希望老师"公正地"给论文评定等级——也就是说，客观地排除可能牵涉其中的任何个人情感因素。如果老师返回这篇论文，给了个不及格，且评论道"我恨透了你，这即是我让你不及格的理由"，不管这个学生的理论倾向是什么，她将强烈抗议。（如果评语是"我喜欢你，因此我给了你 A"，学生可能不会有异议——但原理是一样的。）总之，和不证自明的日常生活经验相矛盾的理论是有问题的。理论的目的是要阐明经验，而非否认之。

以上的讨论或许会使读者觉得相对主义主要是理

论家的一种消遣而已,这是一个严重的误解。相反,相对主义已经大量地渗入到日常生活之中,在西方社会尤其如此。这不是因为相对主义理论获得了大量的信众(尽管加入到那类教师在讲台上宣讲相对主义理论的教育体系之中的人数日渐增长或许是实情),而是因为相对主义的流行乃是越来越多的人们体验到多元化(本书前面章节所讨论的)之深远影响的结果。历史不是规模扩大的理论研讨班,它因芸芸大众活生生的生存体验而成型,他们中的大部分人对知识分子所讨论的理论问题并不知晓或了无兴趣。故而,相对主义的蔓延并不是由于知识分子的宣传,而是通过在工作场所或隔开庭院的藩篱墙等一些地方发生的无数对话、甚至由不同背景出身的儿童在幼儿园里彼此遭遇而实现。

我们已经论证了相对主义在认识论上的缺陷。它在政治上同样也很危险。在此,我们可以再一次参考埃米尔·涂尔干的一个核心洞见:离开共同的价值(他称之为社会的"集体意识"),一个社会无力维系在一起。没有那些共同分有的价值观念,一个社会便开始解体,因为个体的行为选择会因此变得完全随意起来。道德成为一种个人气质喜好的事情并不再接受公众的评议:"你认为奴隶制是好的,但我不这样认为。你有保留自己意见的权利,我不想做出评判。我不愿试图把我的意见强加给你。"这也正是被美国的政治家们采纳并一再反复出现的立场:"我认为流产即是谋杀——但我不愿意试图强加我的观点。"仔细琢磨一下,就可以知道,这类现象的出现绝非偶然。这类立场不但在思维理智方面不连贯(并几乎必然是不诚实的),而且意味着公共生活领域应该与道德问题毫无干系。当然,以上提到的政治家们或者将会否认这一意味,但它却始终存在着。

相对主义,由于其个体而非集体性质的道德观念,招致虚无主义(nihilism)的到来。也可以把它说成是"颓废"(decadence)——可以界定为维系社会的种种规范遭到镂空的情境。在这一情境中,一切皆变得虚幻甚至荒谬,(更为重要的是)其他人根据集体共有的规范而行事的那种信任感也遭到腐蚀。一个颓废的社会不会有很多的未来:它缺少意志力以防卫自身,甚至难以避免在存在过程中所出现的各种真正的危险。

第四章 基要主义

在最近的话语世界里,"基要主义"一词被非常宽泛地使用着——学术界、媒体以及日常的语言场合里都很常见。故而,穆斯林自杀式炸弹袭击者、福音派传教士以及严守正统的犹太教徒,都被称作"基要主义者"——一种在认知上导致严重缺陷的宽泛使用。有时候,看上去似乎任何热情高涨的宗教式信奉都被认为是"基要主义者"的作为。有鉴于此,关注一下这个词的起源将会有帮助。这个词是在美国新教的特定环境下出现的。

"基要主义"一词是如何起源的?

在20世纪初,两位富有的洛杉矶平信徒设立了一个2.5万美元(在那时是个令人惊叹的数目)的基金,用于赞助一种系列手册的出版和发行。这些手册是为了使保守派新教抵御现代化的自由派神学之入侵。即便在那时,这一举措也是回应性的(reactive)——回应于被认为是对宗教真理构成一大威胁的种种时代趋势。理解这一点非常重要。这一书系被命名为"基本要道"（The Fundamentals）。从1910年起，该书系陆续出版了十二册并广为流布。到这十二种全部出齐时，刚好是一战前夕，有三千万份这样的小册子被分发掉，发起了被称之为英语系新教的基要主义运动。

这一运动既是全基督教的也是国际性的。尽管所传播的信仰正统主要是改革宗的（那时，由普林斯顿的神学研讨班最有力地代表着），这些作者却囊括了来自美、英两国的长老宗、圣公会以及浸礼宗的著名教徒。自然，在这些人中间有着重要的分歧。但即便存在这些分歧，仍有很多共同的主题界定这一运动——坚持圣经的唯一权威和它所记载的超自然事件之真实性，坚信皈信以及与耶稣基督的位格关系，坚守严格的道德准则。这些主题继续成为英、美两国包容广泛、极富多样性、被称作"福音派"信众群体的核心要义，但"基要主义者"一词却被这一群体的多数成员所摒弃。"基要主义"的名称即使在其美国新教的起源背景中也很不牢靠，掩盖了许多重要的区别。当它应用到穆斯林或犹太教徒的身上时，就变得更加可疑，更不用说印度教徒或佛教徒。使这类应用同样更为可疑的是，有许多世俗的"基要主义者"，他们代表了不同的意识形态信奉，并且经常显示出与某些宗教运动类似的那种狂热的好战情绪。

如果在日常用语和学术语言中被宽泛地使用的话，词语的意义通常会变得模糊，这是社会科学家非常熟知的一个问题。人们可以有两种可供选择的方法处理这一问题。个人或群体可以完全避开这些词语并创造出他们自己的、得到明晰界定的新用语。(这些术语的运用对于日常语言来说,是一种典型的粗暴;更糟糕的是,它们使社会学家的著作对于外行人来说变得不可理解——一种神秘的语言。)另一种选择是,接受这些普通使用的词语但使之更为明晰,以便更好地理解其所指涉的社会现实。后一种正是我们所倾向的策略。

当代基要主义的特点是什么?

"基要主义"一词,现在和传统的用法一样,是指可经验地予以确认的一种实在性。我们强调这一实在性的三个方面:

正如在典型的美国实例中所显示的,**基要主义是一种回应性的现象**。换言之,它不是这样或那样的传统之恒久性的构成成分。这种回应的对象通常是那种被感觉到的威胁,即主要针对于体现某些价值观念(宗教的或世俗的)的人群共同体的那类威胁。在当代的情形中,这种回应恰是对本书前面所讨论的现代性所带来的相对化效果的反抗。

这意味着**基要主义是一种现代现象**。人们通常指出,基要主义运动会有效地利用现代信息手段。这很对,但基要主义要在更为深刻的意义上具有现代性。它只有在现代化和相对化进程的背景下才可以被理解。基要主义第二个特点的另一种表述是:尽管它普遍声称自己是保守的,回到某种所谓传统意义上的黄金时代,基要主义和传统主义却有很大的区别。这一区别可以简单地归结为:传统主义意味着传统被视为理所当然,基要主义则出现在这一理所当然性受到挑战并丧失殆尽之时。

对此,19世纪的一段趣闻可以作为解释的例子。拿破仑三世(Napoleon III)由皇后欧仁妮(Eugénie)陪同,前往英国进行国事访问。欧仁妮(她早期的历史,客气地说,并非真正的贵族)由维多利亚女王领到剧院。两个女人都很年轻且行为举止具有皇家风范。作为客人的欧仁妮率先进入王室包厢。她优雅地接受了公众的掌声,并优雅地回过头,看了看身后的椅子,然后优雅地坐下。维多利亚在风度上毫不逊色,但有一个有趣的不同:她没有向身后看——她知道椅子会在那儿。真正扎根于某种传统的人会把"椅子"的存在视为理所当然并可以无需反顾地坐上去。而另一方面,对一个基要主义者来说,不再认为"椅子"会天经地义地就在那儿,但他(或她)必须坚持它应该在那儿,而这以反思和抉择为必要条件。这意味着一个传统主义者能够在他或她的世界观里悠游自处,对待那些不能分享这类世界观的其他人很宽容——毕竟,他们是群否认明显事实的可怜笨蛋。而对于基要主义者而言,这些"他者"乃是对辛苦赢得的确定性之一大威胁;他们必须被归服或隔离,乃至在极端的情形下要被驱逐或"清除"掉。

最后的特点建立在以上两者的基础之上:基要主义乃是恢复某种传统之理所当然性的一种努力,这一努力典型地被理解为向传统中所认为的(真实的或虚构的)

那种过去的纯真时代之回归。根据本书先前某些段落的分析,这类理解被视为虚妄。纯真时代的状况不可能重新获得,因此基要主义者的方案乃是天生的脆弱,必须要不断地加以卫护和支撑。这类措施经常以带有攻击性的确定性语调来实行。可是,正如我们前面所注意到的,不管基要主义者如何千方百计地压制他(或她)的这一立场是主动选择的的结果的那类记忆,但记忆本身依然存在,与对选择本身原则上可以改变的认识一直并存着。

如何比较基要主义和相对主义?

如果上述考虑在经验上有效的话,显然,相对主义和基要主义乃是同一硬币的两面。两者都是深刻的现代现象,并且都是对现代性的相对化态势之回应。相对主义者拥护这一态势,基要主义者则予以抵制。但这两者所共有的特性,远比它们中的任何一个与地道的传统主义者所共有的特性要多。他们的共性可以解释我们为什么在第二章的结尾部分说:在每一位基要主义者那里,都有一种等待被解放的相对主义成分;而在相对主义者那里,则有等待被重生的基要主义因素。

通过欧仁妮皇后和维多利亚女王的例子,我们介绍了传统主义和基要主义旨在恢复传统的方案规划上的不同。让我们再看一个显示这一不同的例子。20世纪70年代,一位美国社会科学家到坦桑尼亚去研究该国试图建立非洲版本的社会主义事业的实例。为贯彻这一政策,坦桑尼亚政府发展出一类组织机构——所谓的"乌贾马(Ujamma)村庄"。(Ujamma 是斯瓦希里语,意思是"团结"。)这些村庄的确是社会主义的,没有私人土地。事实上,它们和以色列的那些"基布兹"(kibbutz)有几分类似。该社会科学家来参观的那个时候,人们加入乌贾马村庄完全是自愿的(或说是如此),尽管后来农民乃是被强制加入。

从一开始,就有一个重要的特点:来自不同种族和部落的人们会走到一起并住进这些村庄里,互相分享各自不同的文化。导游对这位参观者介绍说,为了在这一成分复杂的人口之中培养所谓的"乌贾马"精神,管理机构会预留出某些特定的时间以便让这些不同的人群表演他们各自传统的舞蹈。后来在对这次参观经历的反思过程中,这位社会科学家专注于一场自我的心理实验:他想象有两个这样的歌舞场景,一个设在传统的村庄,一个在他刚参观过的村庄。进一步,他想象两个场景所展示的内容是一样的——同样的舞姿,同样的鼓声和歌声,甚至可能是同一舞者在起舞。可是,这两个事件却完全不一样。在传统的村庄,人们在传统所规定的时间里跳舞,他们跳舞并不带有那种经过忖量、反思性的功利目的,并且,他们是为祖先和神灵而舞,不是为了其他种族和部落的人群观看。相比之下,在乌贾马村庄,人们随时随地都有可能跳舞(大概由委员会安排),每一场舞蹈都带有具有某种企图的、反思性的政治目的,观众是由出自不同背景传统的村民伙伴组成。到此,我们可以重申:基要主义并非传统主义,不管它自身的声言是如何地与这一判断相反。

小规模和整个社会范围的基要主义,其外在表现分别怎样?

基要主义者的方案以两种形式的版本出现。在第一种版本里,基要主义者尝试占据整个社会并把自己的信条强加于其上;换句话讲,他们希望使基要主义的信条成为对社会中的每一个人而言皆具有理所当然的现实性。在第二个版本里,基要主义放弃把信条强加给每一个人的尝试——整个的社会留待进地狱,可以这么说——但是,他们却试图在要小得多的共同体内确立基要主义信条的理所当然性。

让我们把第一种版本的基要主义规划称之为"收复失地"(reconquista)模式。*Reconquista* 一词首先被用于指称西班牙的基督教领地从穆斯林统治者手中"重新夺回"(reconquest)。然后,和现在的讨论更为相关的是,在20世纪30年代的西班牙内战中,它被弗朗西斯科·佛朗哥(Francisco Franco)和他的支持者们再度使用。这一次,西班牙不仅从伊斯兰教那里重新收复过来,而且从共产主义、无神论以及其他所谓现代时期的种种扭曲中光复。佛朗哥声称,这将会导致黄金时代(siglo de oro)的重现——一种想象中的时代,在此期间,整个社会将会是"完全天主教式的"并且是地地道道西班牙的。

对于收回失地模式获胜的可能性而言,基要主义者必须要对能够颠覆其世界观的所有信息交流有全面的或近乎全面的控制。换以不同的说法是,现代性的相对化力量必须被拦截。这有一个必备的组织性条件要求——即,建立和维持极权政府。正如汉娜·阿伦特(Hannah Arendt)和其他新近的分析家明确指出的,这是比单一的独裁主义更为激进的一种政治现象。理解这一点很重要。独裁政府不能容忍政治对立,但只要人们依顺统治,或多或少地也就对他们不予干涉。相比之下,极权政府谋求控制社会生活的每一方面。避免政治对立并不足够,一个人必须热情地参与到由政权所规定的每一项活动中去。

"极权主义的"(totalitarian)一词为意大利的贝尼托·墨索里尼(Benito Mussolini)以一种非常认同的语气所杜撰。在早期的一场演说中,他宣布了法西斯政权是极权主义的这一命题——它的基本原理是:"反对政府就没有一切,没有政府就没有一切,政府即是一切。"(在此具有讽刺意味的是,意大利的法西斯是独裁而非极权,不过这是另一回事。)墨索里尼的表述是对极权主义政府的一个极好说明。在20世纪,与此相关的主要实例有两个——纳粹德国(尽管阿伦特认为二战爆发后它才变得充分地极权化)、苏联以及在俄罗斯领土之外其他不同的效法者。理想的情形是,极权政府设立组织以控制个体生活从摇篮到坟墓的每一个阶段,并且这种控制由不间断的密集式宣传和政府的恐怖机构所强化。

可以信心十足地说,极权主义在20世纪归于失败。

无疑,纳粹的事例是通过外在的战争力量被摧毁。推测如果希特勒赢得这场战争或者没有这场战争纳粹主义将如何发展,乃是与事实相悖。但苏联的事例更具有启发性。苏联的极权主义是从内部垮台的——没有向美国军舰无条件投降的行为,没有联合的军事政府在莫斯科建立。苏联的倒台当然有很多种原因,如社会主义经济的内在失败(包括在军备竞赛上未能跟上美国)、庞大帝国的开销(在阿富汗战役中达到顶点)以及统治精英集团的腐败和丧心病狂等。但政权对外来的信息交流没能有效控制亦加速了它的垮台,因为这削弱了政权对意识形态的垄断。现代的信息手段使得这类控制确实很困难,特别是假如一个极权政体想发展它的经济的话。经济上要想有生存能力,就必须和外部世界打交道。并且,如果政权试图将与外部的信息交流限制在维持经济关系的必要范围内,其他的种种信息依然有办法潜入,并制造出与官方信条有关的认知失调。最终,这一政权变得开放起来——经济改革导致文化公开——然后,认知失调的所有障碍设置将会因此而倒塌。到目前为止,已经很清楚:集权主义的瓦解不一定导向民主制和多元主义,但政府可能从极权走向独裁——这意味着以将整个的社会作为一个整体而包纳起来为手段的极权主义方案寿终正寝。

正如这些例子显示的,基要主义的收复失地版本极难维持,至少在现代条件下是如此。极权主义政权试图建立起各种壁垒,以阻止来自于外部的、能够带来多元化和相对化的信息交流。但现代化的全球经济所具有的强大力量不断冲击这些壁垒,直到早晚有一天,这些壁垒出现漏洞,大量具有颠覆性的信息纷涌而入。

这些困难却并不意味着在现代条件下极权主义不再可能。它是可能的——但仅以被卷入其中的社会为巨大代价。不但在文化上而且在经济上,该社会不得不切断自身与外部世界的往来,其后果是苦难的到处蔓延。北韩是一个最好的例子。它也是另一个必要条件的说明——统治精英对他们大多数臣民的苦难生活状况表现冷漠。但即使完全的孤立得以实现——苦难应被诅咒——这样的政权也可能不稳定。

我们现在转向另一版本的基要主义——可称之为"亚文化的"(subcultural)或"教派式的"(sectarian)基要主义。这可以被描述为一种微观的极权主义:正如在宏观版本里一样,也必须有强有力的防卫措施,以避免与外部世界接触所带来的认知污染威胁。我们也注意到,在现代条件下,信息孤立很难成功,但这在亚群体中比在整个社会范围内要容易些。

自从20世纪之交厄恩斯特·特洛尔奇(Ernst Troeltsch)和马克斯·韦伯写出了相关主题的经典研究著作以来,宗教社会学对教派主义这一现象兴趣日浓。正如我们在第一章看到的,已经有关于宗教的两种社会学形式的典型区分——教会和教派:教会是有着广泛基础的组织,人们生来就在其中;相比之下,教派则是社会系统内的一块小飞地,人们加入其中是一个选择性的问题。这种类型学在对不同的宗教现象作归类时很有帮助,它也可被应用到对那些持非宗教世界观的认知少数派（cognitive minority）的研究当中。例如，那些相信地球外生命定期来访的人们形成准教派性的群体（quasisectarian groups），保护其成员免受社会上多数人的不同意见之干扰。然而，每一个教派都包含一种固有的心理矛盾：它追求维系认知上的理所当然性，但它同时又是通过于个体的主动选择而形成的——每一种选择按其本性来说并非理所当然，故而具有可被逆转的潜在可能性。

理想情形下（从一个亚文化群体能够继续存在下去的角度来看），一个教派从认知多数派（cognitive majority）中被有形地孤立出来。这在乡村环境下做得最好，避开了城市生活的（认知的以及行为的）诱惑。在美国宗教史上，这一理想情形的典型例子是阿曼派、震颤派以及摩门教派（在迁往犹他州后）。此外，在各种乌托邦运动的形式中，也有与此相类似的世俗例子，如奥奈达社团（Oneida Community）。如果逃到乡下那种与世隔绝的环境里不可行，不管出于什么原因，以密集的城市居民区的方式定居下来，亦有助于群体的继续存在。布鲁克林和耶路撒冷的极端正统派犹太居民区即是相关的典型例子。在任何一种情况下——无论是乡下的还是城市的——社会情境已经设定好，使个体"逃跑"变得困难重重。

极权政府设置哨所和电网以阻止人们越过边界进入敌区，亚文化群体则设立这些防卫措施的精神对等项。个人需要花费很大的气力才能越过这些内在的障碍性设置，即便身体的逃离获得成功（毕竟，一个极端正统主义的犹太教徒可以径直走出布鲁克林区的威廉斯堡[Williamsburg],并坐地铁进入曼哈顿街区;搭乘公交离开耶路撒冷的米·歇雷姆[Mea Shearim]街区),一般来说,"逃跑者"也会因为其背叛传统以及作为这一传统的载体的人们(通常是父母、家人,以及老朋友、老师等)从而愧疚一生。

如果一个亚文化群体的存在时间超出一代,在那些生来就在其中的人们和通过皈信经历加入到其中的人们之间,将会有一个明显的不同。对于第一类群体而言,亚文化群体所奉行的有关现实的界定无疑已获得了一定程度的理所当然性。可以说,由这些人构成的教派将具有某些教会性质的特点。而对于第二类群体来说,理所当然性必须得努力地构建起来并强有力地得到维系才行。准此,皈信者将会比"原住民"(natives)更加狂热。换言之,"原住民"自孩童时期就被社会化到亚文化群体的世界观里,皈信者必须被重新社会化才能进入这一世界观。

对于以上社会化过程完成之后随之而来的社会心理的转变,韦伯创造了一个很了不起的概念即"克里斯玛(感召力)的程式化"(routinization of charisma)予以描述。"程式化"一词是对德文 *Veralltäglicburng* 一词的恰当翻译。字面转译乃是"日常化"(everydayization)——一种术语学上的粗暴行为,某些社会学家甚至不愿为此感到愧疚。撇开翻译的事情不谈,这一问题所涉及到的"过程"很明显:随着时间流逝,克里斯玛性质的事件之惊骇特性(astounding character)减弱,日常的现实生活开始宣明自身。惊骇的体验让道给日常事务和习惯,异乎寻常的东西又变得寻常起来。按照宗教社会学,这可被描述为教派由以变成教会的过程。同样的动态过程可以在信奉全然世俗而非宗教性质的信仰和价值的那些教派性群体之中得到发现。

基要主义群体特别强加了什么要求?

任何的教派或亚文化群体,不管是宗教的还是世俗的,对于"皈信"(不论皈信的发生过程是突然的还是渐进的、自愿的还是强制的)有两个普遍的要求。这些要求形成了以上所提到的防卫机制——极权主义边界性防卫的精神对等项。除非这些要求已然成为理所当然性之组成部分的情形外,它们同样适用于基于个体出生而非主动选择归属到亚文化群体的那些人。整个的社会环境不间断地、无声地阻止"逃离"。因此,如果对皈信的要求进行说明,同时也就是在说明如何阻止"原住民"越墙而逃的种种机制。

在所有教派中,最基本的要求都一样,且对应着极权政府的各项要求:必须杜绝与外人的重要交往。正如我们以前提到的,圣保罗深谙于此:他告诫早期基督徒不要"和不信者同负一轭"。人类学家把这一警句解释为共餐和通婚的禁忌——也就是说,不要和不信教者一起吃饭,特别是不要和他们结婚!但人类有一种交往的深切需要,故而亚文化群体必须在其内部通过强化的人际交往满足此类需要。这典型地包括提供社会条件,以便能找到合适的婚姻伴侣——那种有着同样的亚文化群体世界观的潜在配偶。

这一要求的行为成分很简单:教派把它们的成员孤立起来——偏向在乡村环境,但有时也在城市中间。这一要求也有认知成分:教派把"外人"(outsiders)描述为对亚文化群体世界观的那种"明显"的真理性感到无知。对于"原住民",自他们出生以来,世界就被分裂为泾渭分明的双重格局—— 一些人在里面,住在真理的光明之中;一些人在外面,处于无知的黑暗之地。(如果无知源自于对真理的有意拒斥,外人就不单是值得怜悯,同时也必须受到诅咒。)对于皈信者而言,乃是从无知者的麇集状态之中脱离出来。这牵涉到生平经历之歧出:皈信者的生命被重新解释,以"公元前时期"和"公元后时期"的方式——也就是,皈信以前和皈信以后。当然,前皈信时期以轻蔑的方式被界定。皈信者通常把这一黑暗时期归咎于他们的父母并往往中断所有以往的家庭关系:他们不堪回首过去。

在皈信之后重新解释一个人的生命履历这样的世俗例子,可由共产主义者的洗脑技术提供。这类技术无疑肇始于苏联。苏联政权用它来训练干部和处理囚犯(如在"再教育"训练营、关押被俘士兵的监狱里)。在该技术应用的一种形式中,个体被分派给写出自己生平叙事的任务。然后,稿子被教官"批阅"并返回到作者那里加以修改。作者被要求反复重写各自的生平叙事,直到被引向"写对"为止——也就是直到个人的传记根据共产主义的意识形态得到了重构(诸如清除"资产阶级意识的残余")。在干部训练中,其成员大概都自愿地去作这类练习——或因为他们真的诚心诚意,或因为他们是机会主义者。而另一方面,对囚犯却不得不强制实行这类改造。这一般会牵涉到一段时期的身体虐待和侮辱:使其原有的身份解体,以便新的身份能够被重构。类似于此但要温和些的各种不同名目的技术在其他情境中也得到了运用——僧团中对初来乍到者的训练、军事中的基本训练(特别在精英部队如海军陆战队员中的训练),或在心理分析中的那类训练(至少在古典的弗洛伊德学派那里如此,可以说是长时间地要求病人反复修改个人传记——直到他或她最终"写对")。

对教派归信者的第二项要求建立在第一项的基础之上,且同样体现出极权主义的色彩:**不能有怀疑**。基要主义者特别不能容忍怀疑,他们会不惜一切代价尽力防范之。像第一项要求一样,第二项也同时有行为和认知的构成成分。在认知方面,压制怀疑主要在社会化过程中进行。社群的"原住民"自孩童时代起就在教派的特定意识形态之下得到了训练。对于新近被社会化到社群里的皈信者,为了使之不再"重新堕落"到早期的习惯之中,则必须特别认真地予以看护(他们也必须自我警戒)。如果预防措施不生效,疑虑依然出现,便可采用针对这些疑虑的治疗技术。在宗教的语境中,这些技术可称之为"灵魂医治"(cure of souls),或干脆浅白地说成是"教牧关怀"(pastoral care)。

对于"原住民",社会化过程始于孩童时代。那时,某种世界观通过所谓的"重要性他者"(significant others)——也就是对小孩情感方面十分重要的那些人——被反复灌输给他们。在这些重要的人物当中,很可能首先是父母,但其他人也可以担当这一角色——年长的同辈,其他受尊敬的亲戚、朋友、老师,或是牧师。当然,皈信者缺乏正规的初始社会化,必须被再次社会化。重要性他者对于皈信者来说,和在"原住民"那里一样重要,但却是作为我们可称之为的"皈信类工作人员"(conversion personnel)——灵性向导,政党官员,训练教官,或心理分析师等——发挥作用。皈信者典型地与这些人形成各种强烈的私人关系。借用弗洛伊德心理分析学所创造的一个术语(尽管我们明显偏离他心目中的所指),这一过程可被称作为"移情"(transference):我们可以说,重要性他者协助皈信者从一种世界观"移情"到另外一种世界观,并帮助他停留在后者里面。如此看来,在与这类权威式人物的关系交往过程中,个体被孩童化(infantilized)也就不足为怪。在心理学的意义上,这是向儿童期逆转。

抵制怀疑的行为有其认知方面的关联。皈信类工作人员深谙此道。因此,当精神向导面对饱受怀疑困扰的个体时,将首先推荐给他某些行为方式。这里的程序很简单:一个人不必为了祷告而信仰,祷告是为了信仰。此外,在遏制怀疑的过程中,亦有认知机制相助。一般情况下,这些机制为歼灭化和护教学(apologetics)这两者的范围所涵括。

歼灭化通常是一种较为蛮横的机制:怀疑被给予一

个否定性的地位而遭到驱逐。在宗教的场合,它们被归入到"罪"的名目之下。因此,缺乏信仰被认为是罪和对上帝的反叛。我们已经提到过的共产主义概念"资产阶级意识残余",心理分析师所说的"抗阻"(resistance)——两者皆是否定性的标签。这类歼灭手法的运用就使根据特定的方式处理与自己不协调的种种其他关于现实界定的学说变得毫无必要。那些界定可以被认为不值得认真考虑从而打发掉。

从另一方面来看,护教学(运用基督教神学的术语)既可以是蛮横的,也可以是高度的精巧。在其中的任一情形下,它们都是一系列旨在维护教派世界观有效性的观点所形成的体系。在最充分的形式中,他们提供一种全面展开的理论——这样或那样的神学系统、马克思主义或弗洛伊德的心理学;通过将对手湮没在一种既解释同时又否定的无所不包的理论体系之中,怀疑被清除掉。

基要主义的最终代价是什么?

世界观设定个体。换句话说,每一个世界观都提供一种身份(identity)。基要主义在其收复失地和亚文化群体这两个版本之中都能够做到这一点。这种身份被期望具有理所当然性和自明的有效性。个体现在是,或者(在皈信的情形下)成为,他被期望为所是的。对于基要主义的这一功能在政治领域的表现,埃里希·弗洛姆恰当地称之为"逃避自由",正如我们在以前的章节所注意到的。如果一个人珍惜自由以及那种自由在其中通过开明民主和宪制政府被予以制度化的社会,很明显,基要主义必然被视为一大威胁。基要主义,无论是宗教的还是世俗的,通常是自由的敌人。

前面我们认为,相对主义腐蚀一个社会的"集体意识"并因此破坏它的团结(涂尔干)。基要主义也如此。在收复失地版本中,以信仰和价值那种强制性的整齐划一为基础,它也的确在谋求制造某种团结性。但是,为了维持这一状况,极权政体必须被建立起来,而这一点,却要付出巨大的经济和社会代价。亚文化群体版本的极权主义代价似乎要小一些。至少在开始,亚文化群体规模较小,也为数不多,代价只由其成员来承受。但如果这些亚文化群体迅速繁衍的话,也会腐蚀社会的凝聚力,使之变得"割据"起来。那么,代价就转而由每一个社会的成员承担,最终的结果或许会导致极端化的亚文化群体和主流社会之间以及/或者两个或多个亚文化群体相互之间不遗余力、你死我活的民间争斗上演。

如果相对主义对一个稳定社会的危害是怀疑过多,基要主义则在于缺少怀疑。极端的不确定性和极端的确定性都有害的,尽管他们的有害程度并不对等。关于确定性的危害,想一想奥利佛·文德尔·霍姆斯(Oliver Wendell Holmes)这一令人难忘的人物形象将会很有意思。作为19世纪波士顿社会文化精英中的一员,青年时代他在美国内战中服役过联邦军队。他被双方军队所犯下的暴行完全吓蒙。从战场返回后,他相信任何的确定性都是非正义的并且潜在地是非人道的。就此而言,他反倒觉得怀疑主义(作为习惯之怀疑,可以这么说)对于一个人性化的社会很重要。这一信念影响到后来他作为美国联邦最高法院法官的行为。

我们同意他的观点。这意味着应该设立某种中间立场,与相对主义和基要主义拉开同样的距离。这一立场在宗教和道德两个层面的体现固然有其相似之处,但也并不完全一样。这些问题在将会以下的几章中展开论述。

第五章　确定性和怀疑

20世纪的奥地利小说家罗伯特·穆齐尔（Robert Musil）曾以讽刺性的笔触评论道："真理的声音里存在着一股可疑的暗流。"这句话使我们想起前面提到过的帕斯卡的说法，即：在位于比利牛斯山的一面是真理，在另一面可能是谬误。也就是说，真理并不如"忠实信徒"（true beliver）所希望的那样确定和绝对。以哲学的方式重新表述这一思想就是：真理一直向证伪敞开着大门。它和特定的时空相关联，尽管坚持任何一种以形而上学为基础的信念或信仰的那些个体并不这么看。在历史的大部分时间里，这类形而上学的基础一直由宗教提供，而正是在宗教领域，确定和怀疑之间的相互作用最富戏剧性地被上演着（正如我们下面将要讨论的）。但在今天，也有许多没有任何宗教归属的忠实信徒。换句话说，就忠实信徒的群体而论，存在一个由所有信条的狂热分子所构成的普世联合的共同体。这些信条既有宗教的，也有世俗的。

难道没有一些具有确定性的真理吗？

真理向证伪敞开大门的事实并不意味着根本就不存在"无疑"的真理。首先，存在着没有人会在头脑清醒时诉诸以怀疑和证伪的手指头的计算法则。在所有的年龄和时间段里面，很明显：二加三等于五，二乘三等于六。这是常识性的道理，任何理智的人都应该视作理所当然。但数学的真理，像毕达哥拉斯定理，必须通过教和学才会。它并不是天赋的和自然而然地不证自明的。实际上，如果一个小孩问为什么四加四等于八而不是九或七这样的问题，很难给出一个令人信服的口头回答。唯一能够做的就是抓住他的手并开始数指头。顺便提一句，对于小孩，比如说五六岁那么大的；已经学过初等算术，发现十个手指和脚趾能够用来数数，做加减乘除，那将是一个奇妙的发现。事实上，小孩的手指头是作为原始的算盘发挥妙用的。

真理和疯狂有时是对立的，但却奇怪地连体孪生。社会学家米尔顿·罗克奇（Milton Rokeach）研究了来自不同精神病院的三个精神病人，他们中的每一个人都相信自己是耶稣基督。罗克奇认为将其安置在同一所精神病院，或许会治好他们的这类妄想症。这样的话，他们将会面临严重的认知失调，因为三个基督的存在明显不可能——大概两千多年来耶稣没有再次在我们中间现身这一同样明显的事实暂且撇开不论。医生们出色地按照罗克奇以遭遇认知失调为手段的治疗方案行事。在他们帮助下,这三个人被带到了位于密歇根州西普西兰蒂的一家精神病院。罗克奇把这三个人常有的激烈辩论记录下来,并在他 1964 年出版的著作《西普西兰蒂的三个基督》(*Three Christs of Ypsilanti*)中公之于众。罗克奇曾一度认为三个人中最为清醒的那位开始从妄想症中治愈。那个人说,按照他的看法,"其他两个人肯定是彻底疯了,他们居然相信自己是耶稣基督"。"这",他继续道,"真是荒唐,因为很自然只能有一个人是耶稣基督"。毫无疑问,他认为基督徒的弥赛亚不是另外两个,而是自己。

  罗克奇亦讲述了单一身份多元性冲突的另外一个病例。两个女病人,一个年纪大些另一个年纪轻些,都相信自己是玛丽亚即耶稣的母亲。她们一直吵个不停,直到年纪大的女人突然找到了解决问题的办法。她问医生谁是玛丽亚的母亲。医生想了一下说:"如果没错的话,玛丽亚的母亲叫安娜。"老太太马上兴高采烈地宣布她是安娜,并热情地拥抱年轻的病友,此后便称后者为女儿玛丽亚。认知失调就这样巧妙地得到了解决。

  和客观的、不容置疑的算术和数学法则相接近的是那些形式逻辑的规则。实际上,根据大多数哲学家的看法,数学和逻辑是内在同源的。在此我们不涉及高度专业化且晦涩难懂的逻辑学领域,只想提一下:在逻辑学中有一些基本命题,如三段论,一般被认为不容置疑——也就是说,绝对正确。"人终有一死;苏格拉底是人;所以,苏格拉底终有一死。"这是最基本的三段论例子,并包含不容置疑的真理性。实际上,一些实词像"人"、"有死性"和"苏格拉底"等,可以用抽象的符号加以替换,正如亚里士多德以来的逻辑学中所出现的:M是P;S是M;所以,S是P。形式逻辑事实上也偏爱这类符号,因为它和哲学或神学的沉思内容无关——特别无关乎人的有死性和不朽性这样的问题讨论,在以上提及的三段论的情形下正是如此。

但这依然丝毫未能触及到日常生活中我们所渴望的真理和确定性问题。生活不是一堆形式上的三段论,而是一连串痛苦的选择和决定的问题,而后者则与那些通常一点也不理性的备选的对象有关,这些选择和决定本身也并非是"逻辑的"。形式逻辑试图排除穆齐尔所言的真理声音里的暗流,但在生活中这些暗流很难排除掉。真理永远被不确定性和怀疑的阴影所笼罩。只有已经在某一种或他种宗教或哲学的"主义"中驻扎下来的忠实信徒才会对怀疑的嘈杂之音喊停——这些声音,如我们前面所见,在现代化不断上演的多元化进程中纷呈迭现。

其实,在我们生活中,有一种非常根本的既非宗教也非哲学的确定性,这被阿诺德·盖伦恰当称之为"一类和善的确定性"(a benign certainty)。我们在第一章讨论了盖伦的著作,在此有必要再简单地重提一下。他所谓"和善的确定性"是指大规模制度体系所具有的理所当然的确定性,这些体系被一代代地相传,建立起被称之为"传统"的东西。婚姻、家庭、教会、寺庙、清真寺、大学、自愿性协会,等等。所有这些并不只是功能性机构。它们也是富含意义的制度，携带着给我们的日常行动和交往提供方向和确定性的种种价值和规范。

例如，当移民到国外时，一个人应该学习该国的语言、风俗以及宗教和世俗礼仪，它的行为、思想和情感方式——简而言之，它的制度。借此，在新的社会生活环境中，他吸纳该地区民众所遵循的意义、价值和规范。这种吸纳是必需的，如果他想要与自己的新邻居打交道的话。这通常得花上一段的时间，但最终，他将经历到以制度为基础的、具有理所当然性的"和善的确定性"。这是一种"在家"的感觉，尽管他所移民出的世界依然逗留在他记忆和情感的深处。事实上，居住在两个不同世界之间的感觉，经常是多重性怀疑和不确定性得以滋生的朦胧地带。这一地带将会一直持留下去，直到个体的生命终结为止。尽管通常情况下，它会在该移民的第二或第三代那里有所消退。移民不是一个新现象，但在现今时代达到了其前所未有的规模。因此，这个世界包含无数跨越两种并经常是两种以上文化的人们。

正如我们前面所主张的，多元化的现代进程已经是去制度化和存在方式上去稳定化的一种力量。它已经扩大了我们的选择自由，并在一种自我依赖和自我做主的意义上继续扩大之。可是，只要参观一下现代超市的货架陈列，我们就会遭遇到在第二章提到过的"选择之苦"(*Qual der wabl*)。实际上，超市可以看作是已经被充分多元化的社会的一个隐喻。这种多元化导致了两个相反的回应方式。一方面，存在着向前现代社会之确定性的激进式回归，像宗教的基要主义和科学的理性主义那样;另一方面,也同样经常有激进式庆祝,庆祝的对象正所谓是后现代的偶然性,它作为一种在其中(道德方面)"怎么样都行"的相对主义得以传播。在第一类情形下,通过引进神学的或哲学的真理性标准,"选择之苦"被缓解。第二类情形则简单地诉诸一种所谓的优越性,因为相对主义者相信选择性乃是自由和自主的终极保障。

两种立场均不受怀疑之困扰。在这方面它们是相通的,所持守的都是一种确定性——所谓不容置疑的确定性。事实上,两种立场都被忠实信徒所坚持,他们在宗教、科学或后现代的相对性之中找到了各自的确定性。尤其是后一立场,经常宣称要歌颂怀疑,但他们实际上把怀疑绝对化为一种激进的相对主义或犬儒主义从而宣告了怀疑的终结。实际上,相对主义者和犬儒主义者也都是忠实信徒。那么,成为一名忠实信徒意味着什么?

忠实信徒如何处理怀疑?

1951年,码头工人、民间哲学家埃里克·霍弗(Eric Hoffer)出版了一本小册子,题名为"忠实信徒"。该书对这一类人做出了深刻的刻画和描述。他认为,尽管各种群众运动——像宗教、社会革命以及民族主义运动——宣扬不同的意识形态,但同一特征使它们具有了家族的相似性:这些运动的发起人和推动者被狂热、仇恨和偏执所培植和驱使,号召追随者去行动,在极端情况下甚至准备为他们的事业而献身。撇开所宣讲的教义和所制定的计划不论,这些群众运动具有同一类型的精神状态——即,忠实信徒的那种狂热主义情绪。霍弗在基督教和穆斯林极端主义(现在我们称之为新教基要主义和伊斯兰原教旨主义)、共产主义、纳粹以及不同形式的民族主义那里见证了这类情绪。霍弗在1951年所作的如下评论至今有效:"我们的时代虽说是个无神的时代,但却不是无信仰的时代。每一处都有'忠实信徒'在健步行进,通过劝说和激烈手段,他正在按照自己心目中的形象塑造世界。"与霍弗的时代一样,今天仍有许多由忠实信徒们炮制和宣扬的种种主义存在,诸如启蒙现代主义、反理性的浪漫主义以及同样反理性的后现代主义等。

这些"主义"大多可称之为"神灵"——也就是被供奉和膜拜的对象——虽然希伯来先知会认为它们是"错谬的神灵"(false gods)。通常情况下,它们也是些"挫败的神灵"(gods that have failed),套用几个欧洲知识分子合作的一本论文集的题名来说。这几个知识分子在1917年至1939年间坚信共产主义事业的福祉,但在看清斯大林式恐怖统治的真实面目之后,他们的信念彻底瓦解。这些世俗的神灵屡遭挫败,特别是在当诸如无产阶级革命、世界末日以及弥赛亚式人物复临等各种预言失效之时。在基督教早期,对耶稣基督马上来临并在地面上建立起上帝的国度一度存在着殷切的期盼。这一受挫的末世论被认为激励和鞭策了使徒保罗的传教活动以及基督教会作为一种正式组织机构的设立。罗马教宗不只是天主教会的行政领袖,而且也是基督复临之前的尘世代理人。

利昂·费斯汀格在其1956年所著的经典著作《当预言失败时》(*When Prophecy fails*)里认为,献身于某种信仰以及与之相关的行动过程中的人们,在种种断言被证伪如一个预言性事件没有兑现之时,对此信仰却并不失去信心。相反,他们将会有更深的认信体验,并试图说服他人,为信仰争取进一步的确证。信奉的人越多,这一信仰就越具有真实性——或者,他们的思想就越显得真实。费斯汀格进一步认为:但在多数情况下,当否认性证据叠加到一定程度时,某个时刻就会到来,不可驾驭的怀疑力量就会悄然渗入。怀疑不断增长,最终使得此一信仰被抛弃——除非,确切地说,这些信仰者在建立牢固的制度化方面取得成功,像在基督教中曾有过的情形那样。当世界末日出现的确切日期被给定(并且已经过去却什么也没发生)时,各种灾变性预言运动就更有可能遭受瓦解。这一时间已到期而没有任何毁灭性灾难出现时,或迟或速,此类运动通常会分崩离析(尽管不能小视人类拒绝否定式证据的能耐)。

宗教和世俗的基要主义者们与其对手间的激烈争吵贯穿历史记载的始终。虽然这些人等非常混杂,但一般都具有三种典型的特征:第一,他们很难听取反对派的意见和想法;第二,他们声称拥有不可辩驳的真理(无论是宗教的或世俗的);第三,他们称其真理是唯一的,也就是说,宣布对真理的垄断权。"创世论"和"进化论"的对垒是个很好的例子。如果这类争吵被一直限制在组织机构的内部场所的话,如在教堂、清真寺、庙宇、犹太会堂或大学等,危害将会相对少一些。可忠实信徒们却在公共场所特别是政治舞台上争斗,故而造成了大量的危害。

本着对真理垄断权的确信,忠实信徒们对哪怕是些许的怀疑都要加以打压。他们奚落乃至迫害自由温和派的代表。正是宗教狂热主义迫使伏尔泰喊出了"消灭臭名昭著者"(Écrasez l'infâme)的口号——臭名昭著者指的是教会甚至整个的基督教。但启蒙运动也制造了它自己残暴的狂热主义。理性女神被法国革命加冕(居然在玛德琳教堂)后没多久,恐怖统治被解除,历史轻松地越过令伏尔泰狂怒不已、革命前的那种残暴的旧制度时期。

宗教所发动的对怀疑的压制,可由欧洲数百年的宗教冲突所提交的大量历史案例加以说明。在此,我们择取其中之一。16世纪法国的改革者约翰·加尔文,一位真正意义上的忠实信徒(如果曾经有过的话),在日内瓦城建立了神权政治。他从未向往过政治职位,终其一生只是个教会牧师。然而,作为阿亚图拉(ayatollah)式的一个人物,他努力对这一城市的政治领域实行严密的掌控。起初并未成功:市长和城市议会拒绝向加尔文和同样狂热的同党纪尧姆·法雷尔(Guillaume Farel)的教义屈服,并把他们驱逐出日内瓦。两年之后,议会内部的派系关系变更,这两位改革者应邀重返日内瓦。加尔文利用这一时机发表了他的《教会宪章》(Ordonnances *ecclésiastiques*），且被议会接受。在这一严格的教会章程里，加尔文引入了彻底的长老制公会（presbyterian church council）的教会组织形式——由受过神学教育的牧师和年长的平信徒组成——而非惯常的主教制或主教统治的公会。值得注意的是，这些平信徒同时也是政府官员。教会必须自治，加尔文下令：市政府服从教会，特别在广阔的道德领域。加尔文的神权政治一直饱受斗争和冲突之困扰，然而他设法对日内瓦公民保持教义和道德的严格控制。

很自然，加尔文遭到一些神学家的激烈反对。首当其冲的是红衣主教雅各布·沙杜里多（Cardinal Jacopo Sadoleto），教皇利奥五世（Leo X）的秘书和法国南部卡庞特拉地区的主教。在一封致日内瓦公民和城市议会的信中，他试图规劝新教的这两位"异端"——加尔文和法雷尔——重返母教。把救赎问题用作手中的一张王牌，沙杜里多提出如下问题：死后将有什么会发生——对于作为我们同一性本质的灵魂来说？绝罚或得救？神圣罗马教会已经存在了14个世纪（沙杜里多继续道），通过圣餐、罪及其赦免之告解、圣徒代我们向上帝祷告以及我们为死者祷告等，教会为我们提供了救赎。很自然，我们需要上帝的恩典，但善功对救赎也同样必要。沙杜里多的口吻是安抚性的，可也不时地爆发出咆哮："我很清楚：这种对自古以来就已经设立好的事物的变更、这种扰乱、这种倾轧，不但败坏人们的灵魂（乃是所有的恶中最大的），而且妨害私人和公共的事务。"但在信的末尾，他又换之以抚慰性的语气："实际上我不愿向主祷告,祈求摧毁所有欺诈性的谎言和貌似中听的话语;同样,也不愿主以恶治恶,而是愿主使他们归服,带给他们以清醒的头脑。我诚挚地祈求主,我的上帝,正如我现在所做的。"

尽管信不是写给他,但在五个月内,加尔文以洋洋洒洒的漂亮文笔作出回应。一开始,他说在日内瓦的行为不是沙杜里多所认为的那样,为了增进他个人的利益。所做的每一件事都是为了奉献给耶稣基督,顺从的是圣经而不是教会,"主已经托付给我这一事业"。实际上,他补充道:"如果我考虑个人的利益,我绝不会离开你们的一党。我当然知道,像我这种年纪的人不下少数已经爬到了显赫的地位——他们当中有些人,我的才智可与比肩,另有些人,我远胜过他们"。恕我直言,他继续道,一个从未到过日内瓦也未显示对日内瓦人有任何兴趣的人"突然自认对他们怀着如此的大爱,而以前没有丝毫的表现",这是不免令人怀疑的。加尔文明白,主教的意图乃是"把日内瓦恢复到罗马教宗的统治之下"。至于救赎,在加尔文看来,把一个人的思想和敬畏感如此之多地专注于自身——即专注于灵魂,这是不健全的神学;相反,他首先应该彰显上帝的荣耀。是的,善功很重要,但不是为了达到天国的永生而是为了彰显上帝的荣恩。而且,我们不应把这种荣恩与罗马教宗及其同僚混为一谈。救赎只有通过信仰和上帝的慈悲才能得到:"我们指明,唯一的安全避难处乃是表现在基督身上的上帝的慈悲。在基督那里,我们救赎的每一部分都是完整的。既然一切人在上帝眼里都是失丧的罪人,我们只认为基督是我们的义;因为他借着顺服,除掉了我们的过患。"

在回信中,加尔文一度吹嘘他"良心的正直,心地的诚恳,言语的坦白"。和沙杜里多相比,他甚至声称"在态度的温和和谦卑方面远为成功"。这封信写于1539年8月。六年后,当他颁布《日内瓦教义问答》(Catechismus Genevensis)时,无疑丧失了这类"温和"。在书中,他对这一城市的公民必须服从的那种纪律严明的神权政治作出系统阐述。到那时,加尔文主义已变为确定的意识形态。所有的批评都遭到狂热式的镇压,但批评者们却保持不了沉默。

最为响亮的反对之声来自塞巴斯蒂安·卡斯特利奥(Sebastian Castellio)。他开始是加尔文的密友,但后者日趋狂热,故与之疏远,且对他的预定论教义抨击尤甚。最后,卡斯特利奥从日内瓦逃到了巴塞尔。在那里,为对抗加尔文,他把思想的重心集中在对宗教宽容和良心自由这两个论点的阐述上。1553年,米歇尔·塞尔维斯(Michael Sarvetus),一个反对三位一体说、多少有点犯浑的半吊子神学家,被公开在火刑柱上烧死——一种非常惨烈的死法,加尔文表示反对,建议改用绞刑(实在是"温和"!),但未被采纳。作为对这一暴行的回应,卡斯特利奥发表了他的两篇论文,极力反对迫害和处死异端。通过论文《怀疑、信仰、无知以及知识之技艺论》(The Art of Doubt, Faith, Ignorance and Knowledge:1563年),他与神学上的狂热主义更加彻底地决裂。该文试图对以下多个方面的问题做出回答:在基督教的教义体系内,哪些应该受到怀疑,哪些应该被信任,哪些应该不需要弄明白,哪些应该被通晓?虽然这一论文论题广泛,怀疑却是卡斯特利奥最感兴趣的问题,这与狂热如加尔文者刚好相反。

他认为,在新、旧约圣经中,存在着许多难以令人相信的篇章,理应受到质疑。例如,其中所存在的许多矛盾说法向怀疑敞开大门。但是——卡斯特利奥在此明显致力于一种早期的现代诠释学形式——我们应该把注意力集中在经文的主旨也即是连贯性文本表达的文字精神方面以处理我们的怀疑。怀疑和不确定性因此也就为知识和无可置疑的真理铺平了道路。现在有一类人,他继续说道,坚持认为不应该使自己承担不确定性的担子。他们毫无保留地同意圣经所记载的一切,并且毫不含糊地诅咒任何持不同意见者。更有甚者,这些人不但从不怀疑,而且也不容许怀疑在别人的头脑中出现。如果有人继续怀疑,狂热的信徒们会毫不犹豫地称其为怀疑论者,似乎那个人怀疑一切并宣称无物可以知晓且可被领略为确定性。卡斯特利奥仿照《传道书》第3章第2节改写道:"怀疑有时,信仰有时;知晓有时,无知也有时。"

卡斯特利奥理论最有意思的部分乃是将无知和知识并放一处,将怀疑和信仰并放在另一处。他把无知视为不可跨越的知识之准备阶段;同理,怀疑也预备着信仰。而且,这也是个明显的辩证过程,无知、怀疑分别被视为与知识、信仰存在一种内在的对应,而不是一种全然相异的对立关系。这当然与平日里那些忠实信徒们——不只是在宗教领域,而且也在世俗的理性主义那里——所持守的世界观背道而驰。对于后者,卡斯特利奥似乎预见到科学理性主义作为现代化进程中的一个内在的构成成分而出现。

他的预见当然准确:随着科学在西方世界的崛起,我们已经目睹了恰可被称之为"科学主义"的事物的诞生,通常是对科学(主要是自然科学)及其技术应用表现出极度狂热的信仰。它是一种理性主义的形式,狂热地向其所认定的所有形式的无知宣战——特别是宗教。宗教被界定为非理性的愚昧,理性的科学(包括效法自然科学的社会科学)却被提升到近乎形而上学的高度。

我们在前面的章节里所介绍的奥古斯特·孔德是这一理性主义世界观的早期代表。他把这种世界观标识为"实证主义"(positivism)。上世纪心理学和社会学领域的行为主义流派是这种意识形态的典型代表。同时,它也表现在自然科学领域,虽然以基因主义的新形式包装起来。在今天,此类理性主义的"神灵"乃是"自私的基因"(the selfish gene)。这类观念乃是命定论的一种后现代式的新近翻版,像其前辈加尔文主义一样,对于意志自由和道德善功这两种思想皆大力诋毁。

作为信仰的内在构成的怀疑,当然,通常为忠实信徒们所不齿——指在今天我们加上"基要主义"标签的那类人。对基要主义式的忠实信徒来说,信仰不是如蒂利希所言"信不可信者",而是仰仗于圣典所记载的、神圣文化所包含的以及圣事仪式中所体认的上帝或安拉的种种明确启示。在进化论和创世论两者间的持续辩论中,科学主义和宗教基要主义存在着一个有趣的联结。

那么,怀疑是指什么?

怀疑是一个很复杂的现象,具有多层面、多样化的表现形式。首先,表面和深层的怀疑并存。在一顿豪华晚餐的最后,当美味可口的甜点供应上桌时,对于一个声名在外的甜食爱好者来说,很难决定吃还是不吃。经济学家所期望的理性选择在此不太可能。当事人很清楚不再去吃会有益于健康——并因此是理性的,但众所周知,诱惑很难用理性去战胜。奥斯卡·王尔德(Oscar Wilde)深谙此类表层怀疑的解决之道:"摆脱诱惑的唯一方法就是向它屈服。"一种更为深层和令人苦恼的怀疑或许会降临到新娘或新郎的头上——据说这种情况不少。行将举行婚礼或婚宴的时候,他(或她)会问自己:"我真的应该把自己奉献给这桩婚姻、这个人吗——'不管是好是坏都得这样,直至死亡把我们分离'?"或举另一个例子:最近,荷兰的几个全科大夫表达了对该国法定安乐死的执行问题令他们感到不安的某些怀疑情绪。在荷兰,执行安乐死依然要追究刑事责任,但在某些非常严格的条件下(和在身患绝症、饱受极度折磨的场合),医生实施这种行为可以免受起诉。然而,当病人(且经常是病人的家属)恳求他们终止病痛折磨时,许多医生就得与各种严峻、深刻的怀疑情绪作斗争。

有一种怀疑,人们与之交锋或试图避开它,正如在宗教或某些特定的政治意识形态信仰的情形中那样。在那些领域，忠实信徒们把怀疑体认为叛变的可能路径。但也有使人津津乐道、愿意沉湎于其中的怀疑，正如在犬儒主义的情形中那样。可以把犬儒主义者定义为将怀疑升华为一种思维模式和生活样式的一类人等。在他们看来，任何的人和物都必须不断地受到怀疑，因为没有任何的人或物可被认为真实且值得信赖。顺便说一句，多数犬儒主义者认为这一尺度并不适用于他们自己——当然，这并不意味着犬儒们真诚和值得信赖。

犬儒式的怀疑一般不会轻易吐露出来，幽默式的怀疑则在玩笑中得到表达。在后一情形下，怀疑通常以反讽的语言道出——换言之，所言是一物，所指又是一物（所指的意思包含某种批评，因而流露出对某些被视为理所当然的认信之怀疑）。著名的例子是伊拉斯谟（Erasmus）的《愚人颂》（*In Praise of Folly*）。它不但是对中世纪哲学和神学所开的一个玩笑，也是对那个时代的知识分子的一种讽刺性批评。与晚近中世纪主流知识界所认为的愚人及其愚蠢的言行相对比，伊拉斯谟在这部著作中试图说明：当智慧照镜子时，所看见的是愚蠢。但也可倒过来说，因为当愚蠢站在镜子前时，智慧则被映现出来。尽管伊拉斯谟的书写得活泼幽默，但读过之后，却会有一种不自在的感觉。他重复了使徒保罗的观点——俗世的智慧，在上帝那里却为愚蠢。尽管与宗教有关，但伊拉斯谟的方法所得出的那种使人再也不能无动于衷的事实却不带有任何形上实在性的断言性质。智慧和愚蠢间的种种理性边界变得漫漶不清。它们挥发掉,消弭在思维和存在的迷雾之中。一种极度的、令人心神不安的困惑感从这一迷雾之中升腾而起。

总而言之,一个人可以怀疑大的、重要的或者小的、不甚重要的事情。可以对自己、整个世界或者上帝进行怀疑。所有这些情形的一个共同点就是,它们追问某人或某物是否可靠、值得信赖并有意义——也就是说,某人或某物是否真实。怀疑和真实也是彼此相关的。在下一章,我们将详细地讨论这一问题。

怀疑是一个全称肯定还是全称否定的命题?

当我们面临选择时——正如我们在前面的章节所看到的,在现代社会里,我们不断地面临许多的选择——怀疑即凸显出来。要做出的选择可以表面肤浅如逛商场时究竟买哪一件衬衫,也可严肃重大如是否施用致命性的药剂,当医生面对绝症病人要求结束其病痛折磨时。然而,这些极端的例子都是临界性的情形。作为中间地带的怀疑最为普通,最为常见。一方面,它处于宗教信仰与不信仰之间;另一方面,则介乎知识与无知之间。这两组对立实际上是相互关联的,正如我们所见:知识能够导致无信仰,无知则可以培植信仰或信念。对于后一组关联,一位中世纪的神学家引入"有学养的无知"(docta ignornantia)的观念,作为深化神性神秘感的一种方法。反之,如果一个人对宗教的神圣文本作科学式的——即以历史的、比较的方式——解析,其信仰很容易向不信仰的方向滑溜。解决所有这一切问题的中间立场即是怀疑——一种基础性的不确定性,以便其自身不至于被信仰或不信仰、知识和无知所压垮。

正是因为占据着中间位置,真正的怀疑从不以人们所制造和宣扬的各种"主义"的形式而告终。怀疑不能是相对主义性质的,因为相对主义像所有的"主义"一样,遏制怀疑。文艺复兴时期的学者米歇尔·德·蒙田(Michel de Montaigne)在其著名的散文随笔中,设计出一种日常生活的实用哲学,以表示对形而上学和宗教的反感。他挣扎于如下的矛盾之中:尽管不断地强调人类思想、抱负、筹划与行动的相对性,却拒绝在一劳永逸的相对主义之中驻扎下来。在一篇散文里,他挖苦地评论道:如果一个人说"我怀疑",应该意识到一个事实,即他明显地知道自己在怀疑——而这当然不再受怀疑!(这令人想起关于克里特人的诡辩逻辑:某个克里特人说所有的克里特人都是说谎者,那么这一说法本身就是撒谎。)然而,蒙田忽略了对怀疑本身进行怀疑的可能性!一位佛兰德(Flemish)诗人曾经确切地表达了这一窘境:"从一开始,人类的状况似乎被怀疑之怀疑(doubt about doubt)所决定。"注意这句话的不确定性语气——"似乎被决定",继而留意其精辟论断:人类的状况包含着对怀疑本身之怀疑。无疑,这向知识和信仰敞开了门户,但这是嗫嚅型(stammering kind)的知识和信仰,不属于忠实信徒的那种。在某种程度上,它面向知识和信仰,但清楚无知和不信仰潜藏在其背后。毋庸赘言,这一立场和通常被与之混为一谈的犬儒主义、相对主义离得很远。

实际上,这种类型的怀疑主义是典型的不可知立场。("不可知论"[agnosticism]这一术语应当避开,因为不可知式的怀疑与任何的"主义"格格不入。)不可知者不是无神论者。后者作为时常显露出迷狂情绪的某一"主义"的忠实拥护者,乃是自我界定的无信仰者,着手对任何形式的宗教信仰和组织发动战斗和袭击:**消灭臭名昭著者!** 政治上,无神论者捍卫教会(清真寺、寺庙、犹太会堂)和政府的分离,但其中的很多人倾向于诉诸武力,将所有个人宗教和组织宗教的蛛丝马迹清除掉。斯大林试过,但并未成功,因为他的宗教代理品(斯大林主义)缺少任何安全感——它不可以通过恐怖和大屠杀强制实施。其实,它是一个"挫败的神灵"。多数的无神论者勉强接受政教分离的折中方案,并限定在演讲厅、杂志、报纸等场合对有信仰的敌人展开攻击。自发现 DNA 以来,他们常常将基因的结构和程序推举到形而上的高度,像我们前面提及过的"自私的基因"那样。达尔文对于许多无神论者乃是一位半宗教式的先知即被称作为"达尔文主义"(Darwinism)的教义的创立者。在最近关于丹麦的卡通片嘲讽先知穆罕默德的争执中,一位自称达尔文主义的无神论者激动地喊道:"如果穆斯林和其他的创世论信仰者发行卡通,把我们的先知达尔文说成是猴子,那么,为什么不允许我们拿穆斯林先知开涮?"有意思的是,他不认为这是一句玩笑话。这是无神论的忠实信徒们的典型态度。

根据定义,在对待宗教的态度问题上,不可知立场不那么强硬。不可知者不像无神论者那样,彻底摒弃宗教所信仰的东西。或许他宁愿像信仰者一样地去信,但通过学习和经历所汇聚的知识却把他抑制住。问是否相信和期望来世生活,不可知者不会像无神论者那样回答:"当然不;我的死是我的彻底终结。"他会嘟哝道:"好啊,我会感到意外的。"怀疑乃是不可知者身份之标记。信仰者或许会立即回应说他也一直在避逅怀疑,并补充道,那就是为什么他或她拥护信仰而不是知识的原因。区别在于:信仰者受怀疑困扰并始终寻求从怀疑中解脱,而怀疑则为不可知者所特有。如果不是狂热如加尔文的忠实信徒,信仰者会接受并依赖于受怀疑所侵扰的信仰而生活;如果不是狂热如前所引达尔文主义者那样的无神论分子,不可知者也就默认且仰仗于为信仰所提撕的怀疑而存在。这里的分界线极细,但区别却是本质性的。

在理性批判和怀疑之间存在着渊源关系。当笛卡尔——他的哲学在第三章涉及过——声称"将一切诉诸怀疑"时,他把这视为以理性的方式获得真理的一种方法论和认识论工具。换言之,应该把人类思想史上堆积如山的各种宗教教义和形而上学理论悬置起来。或者,按现代的说法:应该把前代人所传递下来的信息删除掉,把人类大脑的硬盘格式化。笛卡尔意欲使我们从蒙田所言的"信念之暴虐专制"(the tyranny of our beliefs)中解放出来,从而培育出一种如蒙氏所称的"判断的自由"(the liberty of our judgements)。蒙田和笛卡尔都是苏格拉底的传人。在与学生的辩论中,苏格拉底的提问是为了摧毁各种先入之见和通行的(但常常是错误的)信念。他提出问题并声明自己并无答案,目的不在于传授信条,而是要清除大脑中已有的种种错误信念、先入之见和偏见。也就是说,苏格拉底教导学生把种种看似确定不疑的东西统统纳入到根本性的怀疑中去。后来,这一怀疑的"逻辑"被弗朗西斯·培根重新拾得。他创造了一种哲学——或更为准确说,一种方法论。该方法论基于对现实精确、细致的观察,为从实用和科学的角度解释"自然之书"效力。根据培根,一个必要的先决条件是,我们必须学会抛弃幻象(idola)——即:阻碍我们对现实获得正确认识的那种头脑中所携带的种种假象。他把其中的一组幻象称之为"市场假象"(fallacies of the market),这类假相显现于人们在其中相互交谈和进行各种交易的社交活动之中。在此,培根早于四百年前左右就为知识社会学这门学科的诞生作了前期铺垫。另一组幻象,他标识为"剧场假象"(fallacies of the theatre),由作为陈腐思想禁锢我们头脑的那些古代和中世纪哲学家们遗留下来的各种观念所构成。所有这些幻象都要诉诸以系统的怀疑。

苏格拉底-笛卡尔-培根的方法开启了一扇通往那类基础性的认知式怀疑的大门,这样的推论是站得住脚的。这种类型的怀疑实际上是指具有理性批判性质的一系列思想探索过程。在20世纪,当卡尔·波普尔(Karl Popper)提出科学探索的标志在于证伪而非证实这一观念时,继培根之后,他再一次地继承了此类怀疑的"逻辑"。神学家和形而上学哲学家努力证明其理论的真实性——证实,而批判式的理性科学家却使他们的成果向证伪开放:"指出来,我的假设和理论错在哪里!"只有这样,我们对世界的认识才会进步——一步一个脚印。这一递增式的知识演化过程正是由怀疑不断地提供驱动力使然。

在未完成的一篇关于笛卡尔的命题"**将一切诉诸怀疑**"的研究论文中,索伦·克尔凯郭尔(Soren Kierkegaard)宣称怀疑是消极的,因为它总是批判性地反思既存的理论和思想。"怀疑",他认为,"即是要拒绝去认可。可笑的是,每当事情业已发生时,我拒绝去认可。"由此,怀疑在本质上乃是一种回应,故而不能作为哲学的出发点,正如笛卡尔和其他人寄希望我们去相信的。相反,一种对我们周遭世界的诧异感受(attitude of wonderment)理应被视作为恰当哲学思考的源头。克尔凯郭尔找到了这类诧异感,和怀疑相反,它是一种前摄性的(proactive)而非内省式的积极态度。我们或许可以补充说,诧异和好奇也伫立在科学探索的策源地。然而,像克尔凯郭尔所做的那样,把消极的怀疑和积极的诧异对立起来是有问题的。因为诧异不产生于中性的环境之中,而是常常被培根所说的幻象所包围。这些幻象应该被悬置或清除掉,以便我们能够得以对周遭的世界感到诧异。儿童能够以纯粹诧异的方式介入世界,不受任何的幻象所妨碍。但成人彻底被社会化并在社会的现实里面受到熏染,而这一现实在被视为理所当然的同时,不再可能以天真无邪的眼光去打量之。一个充分现代化并因而(正如我们前面所见)多元化的社会里的情形正是如此。在这样一个社会里,怀疑和诧异可谓是一对孪生兄弟。

真诚的怀疑和纯粹的犬儒主义有什么区别?

我们在第三章所讨论的相对主义以及以上讨论的犬儒主义,尤其擅长于那种逻辑上不连贯、道德上备受指责的怀疑形式。下一章我们将讨论怀疑的道德维度。在此,我们要简略地反思一下犬儒主义和相对主义的不连贯性质,并把这种不连贯性与那种始终如一的、真诚的怀疑类型加以比照。相对主义和犬儒主义将一切人和物都诉诸以怀疑,但就像各种"主义"一样,它们通常包藏着忠实信徒的身形。作为忠实信徒,那批人并不把怀疑施诸于自身!克尔凯郭尔以挖苦的方式点明了相对主义者立场上的这种前后不一性质。一个人决意去怀疑倒可理喻,但向别人鼓吹说怀疑是必须要做的正确事情这类情况却不可理喻。"如果其他人反应不是太慢,必将回答道:'非常感谢,但请原谅,现在我也怀疑您观点的正确性。'"

始终如一、真诚的怀疑对任何的"主义"都是毁灭性的,特别是对倾向于把怀疑拓殖为利己性质的相对主义和犬儒主义来说。让我们试着总结一下那种始终如一、真诚的怀疑的各个方面:

这种类型的怀疑对于所有形式的"主义"及其忠实信徒、相对主义者、犬儒主义者来说,乃格格不入。如以上所见,人类的状况似乎被怀疑之怀疑所决定。怀疑的目的不是要否定和拒绝真理,而是要去相信和领受之。穆齐尔的话语再次响彻在耳:"真理的声音里有一股可疑的暗流"。事实上,波普尔证伪的方法论策略可以拓展为一种由怀疑所主导的生活方式。忠实信徒们在那种所谓坚如磐石、不容置疑的真理中找到了他们的存在理由,提出大量的"证据"——即那些不容置疑的真理的证据。但是,对于怀疑者即过着那种始终如一、真诚的怀疑生活的人们来说,却寻求"证伪"—— 也即是可疑的例子和情形。这样,在缓慢的积累和发展过程中,个体能够最终臻于与真理相似的境界——或者,也可以说是向"近似真实的事物"(verisimilitude)靠拢。

始终如一、真诚的怀疑乃是宽容性的来源,如卡斯特利奥在反对加尔文恐怖的神权政治时所显示的。卡斯特利奥信仰上帝,但其信仰依然与怀疑相联结,有如其丰富的学识从未丧失对无知的内在洞察一样。显然,这种类型的世界观不只是一种私下的生活态度而已,同时也是西方民主制度得以成长起来的力量。的确,怀疑乃民主之标志,有如绝对真理(所宣称的并坚信不疑的那种)之于每一类型的暴政一样。要知道,制度化的反对派不正是以一种抗衡性的力量作为多党制政府的组成部分,并因此而成为民主政治体制的关键所在吗?关于各种政策正、反两方面观点的政治论辩和交锋在公民社会的新闻媒体、会议厅等场合不断上演着。如果怀疑寿终正寝,民主自身也就会枯竭——没什么好争论的!正是在这种制度性的政治怀疑所营造的公共空间里,我们的公民自由权和宪法权力得到了维护。总之，没有真诚的、始终如一的怀疑精神，民主制度就不堪设想。反过来，正如我们在下一章将会详细看到的，我们的实存性怀疑(existential doubt)也需要民主的宪政来维护和确保。

怀疑能够不陷入相对主义而存在吗？

在结束本章之前，我们想简短地评论一下以宗教方式界定的、介乎相对主义和基要主义之间的"中间立场"，然后勾勒出任何此类"中间立场"（宗教的或其他）得以存在的必要条件。

不管人们对马克斯·韦伯关于新教和现代资本主义起源关系的思想提出怎样的批评，但有一个问题他理解得非常好，也很少有人挑战——那就是，新教和现代性之间存在某种独一无二的关系。在此我们不想重复这一观点的论证过程，但其主旨应该很清楚：新教改革，在对个体的良知给出前所未有的强调的同时，奠定了现代主体性的基础，也因此而奠定了自启蒙时代以来就被昭示出来并加以完善的各种人权蔚为壮观的发展格局的基础。

对于如下的一点怎么强调都算不过分：这一历史收获乃为意外。事实上，现代性的许多特征会使路德和加尔文为之胆寒。而且，两位改革者也不能被合理地解释为采纳过本章所定义的"中间立场"。加尔文作为不折不扣的狂热分子已经说得够多，把路德归于这一范畴之下会有点困难（或许主要因为他具有高度的幽默感）。他或许并不对威登堡中央广场烧死异端分子的事件负有任何的责任，然而，单凭农民起义期间那些嗜血性的文字著作以及晚年那可恶的排犹主义这两点，就足够使他不配享有人道主义的任何殊荣。然而，按明显的新教思想线索，从对"惟信（ sola fide ）得救"这一核心思想的阐明（当然又是出乎路德的意料之外）出发，界定"中间立场"亦有可能。根据定义，信仰本身并非就是确定性，因而怀疑便可以非常轻易地被容纳到路德式的新教版本之中。同样，路德关于两个王国——世俗的王国和属灵的王国——的教义，使加尔文在日内瓦所创立的那类神权政治变得不再可能。路德式伦理亦导致了19世纪德国福利国家的诞生。

加尔文主义也有许多明显出乎意料之外的结果。其中最厉害的一个分支（当然有足够的资格贴上"狂热主义"的标签）乃是在早期新英格兰占主流地位的清教运动。但宗教群体的多元性这一特定的美国宗教环境无意间使得清教的教会转变成自愿性的社群组织，并因此而带来了宗教宽容和政教分离。

谋求在信仰和怀疑之间达到平衡的新教式"中间立场"最富有戏剧性的展示，大概要算19世纪新教神学院里现代圣经学的诞生，尤其是在德国。这是宗教史上前所未有的一个事例，专业神学家把从现代历史学那里学到的怀疑式的方法论本领瞄准他们自己的神圣经典——其意不在于攻击信仰，而在于协调信仰和渊源有自的其他真理之间的关系。

有理由认为，如果希望在宗教的基地上确认"中间立场"，成为一名新教徒会将有帮助。但为了这样做，一个人不一定非得是新教徒不可：这样的尝试可以经由其他的宗教传统着手进行。天主教（尤其是第二届梵蒂冈公会议之后的罗马天主教）、东正教（显见于散居西方的神学家们的著作）、犹太教（特别是高度怀疑、非教条化的拉比们的方法之要义）以及伊斯兰教（建基于对《古兰经》的诠释——伊智提哈德[ijtihad]这一概念），皆可提供这样的便利。不消多说，这里不可能对所有这些要点加以展开。

伊曼纽尔·康德写于18世纪的一本书有个醒目的标题，叫作《任何一种能够作为科学出现的未来形而上学导论》。我们不想以康德的同道自许，但不揣冒昧，愿把本章的最后部分定名为"任何一种能够作为介乎相对主义和基要主义之间的中间立场而出现的未来世界观之必要条件"。那些必要条件如下：

1. 在立场的核心部分和边缘部分之间做出区分（后者被神学家称之为"琐事"[adiaphora]）。这一区分的实际后果是要标明可能向其他立场妥协的外部界线。在现代多元化的情境下，存在着走向这类妥协的强大外部压力——用知识社会学的术语来说，即朝向认知交易和/或规范交易。例如，基督教神学家把基督的复活确立为核心要义，但认为《新约》所记载的其他神迹或许原则上可以商榷。又如，在眼下欧洲关于穆斯林移民整合进民主社会的问题讨论中，废除传统伊斯兰教律法所规定的残肢刑罚(mutilations)和石刑(stonings)被认为毫无商量的余地,而是否可以穿代表"伊斯兰式谦卑"的罩袍这一点,则认为可以商榷。

2. 向现代历史学派以传统为对象的应用性研究领域开放——也即弄清传统的历史脉络。这类认识使基要主义很难支撑下去。我们已经提到过19世纪德国新教圣经学派诞生的戏剧性事例。现在,吸纳这类开放性立场的有天主教徒和犹太教徒,但迄今为止,这方面的穆斯林教徒却极少(如果有的话)。对于后者来说,针对《古兰经》分别源自于麦加、麦地那的不同部分做出神学而非纯粹事实上的甄别,对于伊斯兰教思想领域(其实也关涉到伊斯兰教的实践方面)区分核心要义和边缘性"琐事"的构成部分将会非常重要。这一点与宗教的而非世俗性的传统有着更多的关联,尽管也存在世俗的类似情况。马克思主义内部有关马克思的早期作品与《资本论》的关系之争就是一个有趣的例子。

3. 拒斥相对主义,以平衡对基要主义的拒斥。相对主义势必导致本章前面所讨论的犬儒主义。如果在认知和道德方面"怎么样都行",我们的立场就变得基本上毫无意义:如果不存在诸如真理之类的事物,个人的立场问题就成为一种完全任意的选择。在认知方面应用相对主义,平面地球理论在现代天文学的认识论领域就必须占有一席之地——或者,举一个更为现代的例子来说,创世论和进化论在高等教育的课程中将比肩而立。相对主义在规范领域亦会带来其相应的后果:强奸者的"叙事"和受害者的"叙事"一样同等有效。

4. 把怀疑视为对于特定的信仰社群具有积极功能加以接受。对此，本章的前面部分已经做出交代，无需重复。

5. 对"他者"即那些和自己持有不同世界观的人们做出适当的界定，不把他们归结为敌人（当然，除非在道德上代表令人憎恶的价值观）。换句话说，信仰社群必须具备在礼让的文化氛围中生存并与"他者"进行和平交往的能力。很明显，这类礼让的缺失将会导致社会的分裂和混乱，其范围从公共生活领域的辱骂气氛，以至于上升到激烈的内战发生。

6. 发展和维护公民社会的各项组织，使和平论争与冲突化解成为可能。在政治领域，自由民主的政府，以其对人权和公民权（特别是宗教自由和结社自由）的保障，到目前为止仍是和平论争和冲突化解得以可能的最为便利的制度。那种不接受在个人与政府之间设置任何中介的雅各宾党人（Jocabin）的统治模式，并不能导向政治上坚持"中间立场"的中庸状态，即使政府在形式上是民主的。历史已经显示出对"中介性结构"（mediating structures）即私人生活和政府之间的一系列居间、调停性组织的需要，这乃是自由开放的民主制度的意义所在。正如政治专栏作家法里德·扎卡瑞亚（Fareed Zakaria）近来提醒我们的：尚有不自由的民主制度存在，在那里，竞选机制虽然得以维持，但这类机制在公民社会里并没有根基。最近在中东各国所发生的事情清楚地表明这一点。

7. 把选择性不但作为经验事实而且作为精神上令

人向往的东西加以接受。这种接受不单是允许个人在宗教、道德和生活方式各领域可供选择的宽泛系列中做出不受限制的决定的问题(当然在一定的界限之内——我应该自由地顺应自己的宗教信仰但不至于去参加噬食人肉仪式、选择"性倾向"但不至于去强奸)。同时,它也是一种制度上的事情——即:在可供选择的宗教、道德和生活方式的宽泛系列的基础之上,同时接受自愿性组织的多元性。

第六章 怀疑的界限

怀疑有其认知和道德的界限。正如我们前面所见,有充分的理由对怀疑进行再怀疑。现在,我们可以更为细致地来谈论这一问题并直接面对怀疑的核心矛盾:在关于现实的认知界定方面(如宗教世界观),我们可以容受相当程度的不确定性,但与此同时,又能够以高度的确定性做出道德判断。在此仅举一例(遗憾的是,在写作本书时这个例子有一种适时性的因素):可以很确定地说,不管我们的政治或宗教取向如何,在所有的时间和地点,肉体折磨都是不可接受的。

在什么情况下与何等程度上,怀疑自身应受到怀疑?

怀疑的主要功能之一是推延判断。怀疑特别反对草率判断、预先判断和偏见。然而,这样做有极大的危险,也正是在这一点上,我们应该意识到怀疑可能是多么成问题——或,换句话说,正是在这一点上,怀疑应该受到怀疑。总之,判断在生活中不可避免(在政治、世界观和宗教的事情上当然如此)。虽然在做出结论和判断之前,怀疑者可以认真地考虑事实、可能性以及可供选择的对象,但最终得做出选择并付诸行动。选择和行动的过度推延会招致惨重的后果,正如战争和社会动荡的情形中所反复证实的。在一定意义上,不选择实际上也是一种选择——且通常是一种悲剧性的选择。对此,十四世纪的那则布利丹驴子(Buridan's ass)的寓言是一个经典说明。

从社会学的角度而言,怀疑倾向于削弱传统制度的确定性。制度的确定性如果运作正常的话,则属于一个社会所具有的前反思性质的、被视为理所当然的、以传统为基础的"后台"。如果仅因为与那种激进的反叛和革命格格不入的话,我们现在正讨论的怀疑类型就不是有意地去毁损制度的确定性。不过,它亦时不时地质疑各种制度的"理所当然"性,将其置于严密的审查之下。在一定限度的范围内,这类怀疑能发挥有效的社会功能。的确,此类"揭穿真相"(debunking)的嗜好对现代社会思想曾有过积极的贡献。但没有界限的怀疑——已摒弃所有确定性的怀疑——会导致毫无建树的主观主义,个体在其中无休止地权衡各种选择、忖度所有各种可能性。正如盖伦令人信服地证明的那样,这类主观主义者通常会裹步不前——一种被他称之为"缺乏行动能力的状态"(*Handlungsverlust*)。当怀疑侵蚀某一制度的"和善的确定性"时,便会引起根本性的骚乱。诚然,这样的不安定因素可能会卓有成效地带来一种根本性的文化变迁,并且或许为艺术或知识创造提供前提条件。然而,一旦反制度性的怀疑深深地渗入到一般大众的思想和心态之中,则会蜕变为混乱和无序,或者如我们前面所见,以犬儒主义和冷漠的相对主义而告终。怀疑需要以适当的理性驾驭之。不像忠实信徒的那类虚假的确定性,怀疑是一件有风险的事情。

犬儒主义和极端的相对主义并非是这里所涉及的危险之全部。如果怀疑被全方位地予以应用的话,能够导致意志消沉、希望和行动能力之丧失。怀疑,特别是对怀疑之怀疑,容易游离为一种绝望。德语的怀疑和绝望具有相同的词源——*zwei*(两)。*Zweifel*(怀疑)和 *Veraweiflung*(绝望)这两个概念皆显示在两种相互排斥的可能性之间存在着选择。在中世纪的德语里,*twi - fla* 一词(后来变为 *Zweifel*)意思是"双重意义"(dual meaning),相同的词根反映在与之有密切关联的 *Verzweiflung* 之中,后者可译为"彻底的绝望"(complete desperation)或"全然沮丧"(total despair)。显而易见,这种类型的怀疑乃是犬儒主义的对立面,后者自以为怀疑无所不在,并且对这一发现欢呼雀跃、竞相庆贺。对怀疑之怀疑滑落为绝望,当然没有理由加以欢呼。

我们如何才能达到道德的确定性?

现在,我们已来到这一章所要讨论的问题核心:在什么样的基础之上,能够相当确定地做出道德判断?而这种确定性如何能建基于社会制度?

伟大的拉比希勒尔(Hillel),一位古代的犹太先哲,指出:托拉(Torah)的全部含义可以在一个人单脚站立时说出来。这一含义,他说,即是:"有害于己的,勿施于他人"(这实际上是黄金律的首次表述)。希勒尔继而又补充道:"其余皆为注脚"。人们或许可以说,所有的道德确定性在单脚站立说出来的同时,也可以由德意志联邦共和国宪法中的一个命题予以概括:"人的尊严不受侵犯","其余皆为注脚。"回想一下这一命题出现的历史脉络会有启发的。如果在第三帝国时期人的尊严没有以可怕的方式受到侵犯,对尊严的宣告将可能不会被写进国家宪法。在人们被迫面对肆虐的、公然不道德的情形时,道德判断的确定性出现。这一点并非总是如此,但却很常见。

现在让我们回到这一章起始所提及的道德判断:肉体折磨在所有的时间和地点都是全然不可接受的。怎样才能有把握做出这一判断?

一般而言,使这一判断合法化的途径在历史上有过四种——神圣戒律、自然法、社会学的功能性理论以及生物学的功能性理论。我们发现所有这些并没有太多的说服力:

> 1. 神圣戒律。一个人当然可以将道德的确定性建立在宗教的确定性之上。如果他能够让自己相信具有绝对约束力的神圣戒律,那么,信仰就会使道德的确定性变得轻而易举。然而,出于同样的理由,它也可使道德的确定性变得死板起来。在人类历史发生转折的特定关键时期的种种惨烈画面,使得上述道德判断几乎不需要做出过多的解释,其确定性自然明摆在那里。而在这一时刻,如果某人发觉肉体折磨的确不可接受,那他就必须在神圣的经典和传统之中去寻找禁止肉体折磨的"文本证

据"。遗憾的是,这种注经式的努力通常难以获得成功。进言之,如果他对各种宗教声言的确定性表示质疑的话,这一路径也就自动会封闭起来。

2. 自然法。历史悠久的自然法理论传统主张,铭刻在人们心中的道德法则周流遍行、无所不在。换言之,自然法的观念被普遍地隐含着,乃是不言而喻的真理。这一看法确实具有吸引力,但在面对相反的经验证据时,它也难以自圆其说。例如,对肉体折磨的谴责根本不是普遍的。在历史的大多数时间里,人们乐意彼此折磨。英格兰都铎王朝或者说中国明代的法官如果听说肉体折磨不可接受,将会感到惊讶:你当然希望拷打嫌疑分子——那恰是发现他所做过的事情的方法。如果想使他屈服,你可以对他进行肉体折磨,以作为他的惩罚的一部分,发挥震慑功能。就经验所允可的普遍性而言,自然法并不是道德确定性的合理基础,尽管或许存在着能提供这类基础的其他思想样式,即:自然法的某种修正形式——被视为在不同历史阶段渐次显明自身的自然法理论形式。我们将很快回到这一可能性。

3. 社会学的功能性理论。把道德确定性建立在社会学的功能性理论基础之上,等于说规范是社会秩序的需要。这无疑是对的,对于解释某些道德准则很管用。例如,如果任由不分青白是非的暴力肆意横行的话,没有一个社会将会长治久安:你占了我的车位,我要杀了你。但那也只是在特定的人群集体内部社会学意义上的不可接受。如果它针对该集体之外的人群的话,这类暴力或许可以接受:假如你(一个集体之外的人)擅自在我们的泊车场所停车,我将杀了你。在肉体折磨的事例中,反对者将会发现,即便在特定的人群集体内部也难认定它是不可忍受的,而该集体之外的人一旦被作为这类事件的目标,那就更不如此。

4.生物学的功能性理论。最后有提议说,在生物进化激烈的角逐过程中,规范有助于一个物种的存活。假如存在一种使母亲照料其新生儿的基因(一类本能,可以这么说),很明显,缺乏这一基因的物种存活下来的几率很小,而碰巧获得这一基因(大概类似于俄罗斯转盘的进化过程无序运动的结果)的物种,存活的几率则要大得多。但肉体折磨呢?一个物种的成员大可在其群体内部对其他成员实行肉体折磨,而不至于妨害到该物种继续生存下去的可能性(虽然要有所区分才行——也就是说,只针对那些触犯特定的神圣禁忌的少数个体——如果不加区分地滥用肉体折磨,这一群体将会在自相残杀中自动毁灭掉)。而且,这种存活的几率明显地不受该群体对外部的群体所施加的肉体折磨之影响。无论如何,生物学的功能性理论和社会学一样,在为道德的确定性奠基方面并不有效。

我们建议一种使道德确定性得以合法化的另一种

方式:此类确定性乃是基于对历史性展开的人的内涵的一种体认,这种体认一经获得,就意味着普遍性。换种说法就是:人的尊严的内涵在历史的某些时刻被体认到;但是,一经体认,它即超越这些特定的时刻并被视为时时处处内在于人本身。我们所建议的这一理论取向可以被认为是自然法理论的一种变体形式,但由于这本书不是一本哲学著作,故而不能够对这一理论在何等程度上是对的或是错的这样的复杂问题做出判断。在本章的稍后部分,将会再次回到这一点。现在,在当下的话语脉络里,必须对我们的思想路径做出一些更为详细的交代。

在以上的反复申明中,当我们说"体认"(perception)或说"得以体认到"(comes to be perceived)时,意味着什么?在社会化的过程中,道德被内化进个体的意识当中,此乃老生常谈的事实。这一现象被习惯地称之为良知(conscience)。按照惯例,良知被认为以祈使语气"说话":做这;不要做那。在某些场合大概如此。但是,我们认为,良知以陈述的语气说话更为常见:看这;看那。也就是说,良知引起具体的体认。这些体认可以是肯定的,也可以是否认的。例如,体认可以在要求积极行动的情境中发生。这正是中国哲学家孟子所想到的。他认为,即便是最为冷酷无情的罪犯,碰巧看到小孩在深井的边缘跟跟跄跄时,也会跑过去把小孩拉到安全处。另一方面,某些情境的体认也引起厌恶和排斥情绪。故而哈莉特·比彻·斯托(Harriet Beecher Stowe)在美国内战前夕创作的《汤姆叔叔的小屋》作为调动废奴主义情绪的一部小说,并不致力于对奴隶制度种种罪恶的直接说教;相反,她描述了反映奴隶制现实的一些场景,这些场景如此地令人发指,以至于越来越多的人说不能再这样继续下去。

当然,后一体认在历史的时空里具有相对性质。哈莉特·比彻·斯托是19世纪中叶美国北方一位著名的公理会牧师(恪守清教道德传统)的妹妹。南北战争前南方的同时代人显然不认可她,人类历史大多数时期的人们也不认可她。然而,斯托的这一体认一经牢固树立,它曾有力地抗拒——并继续抗拒——相对化:如果奴隶制在在19世纪的迪克西是错误的,在20世纪的苏丹它同样是错误的。据此,我们所观察到的,乃是对人的尊严以及对它的种种冒犯的一种发展式体认,从纯粹的意见("你、我都同意不赞成奴隶制")上升为普遍有效的道德判断("我谴责你实行奴隶制,我将尽力阻止你")。

在历史的不同时刻,存在着各种声音,诉说肉体折磨道德上的不可接受性。在代表东方思想的孟子那里有过。在西方文明的历史上,圣经传统所显示的人类形象,乃是人之尊严性杜绝肉体折磨这一体认得以揭橥的主要源泉。但是,只有随着启蒙运动时代的到来,该体认在西方才被一般地接受下来,并在法律中予以制度化。这一体认的结果极有可能是由法国大革命所反叛的旧制度法律的种种残暴而引发。伏尔泰是当时法国反抗肉体折磨的雄辩代言人,并影响了俄国的叶卡捷琳娜大帝(Catherine the Great)。其后,女皇玛丽亚·特蕾西亚（Maria Theresa）在哈布斯堡王国宣布司法程序中肉体折磨不合法。有趣的是，其继任者约瑟夫二世（Joseph II）继续废除死刑——正因为这被体认为肉体折磨的一种令人发指的情形，不管怎样"人道地"执行（断头台、电椅、致命性药物注射——所有种种掩饰内在性恐怖的努力皆属徒劳）。有两本书（这次不是小说）在废除死刑的问题讨论方面很有影响，分别是法国阿尔贝·加缪（Albert Camus）的《关于断头台的思考》（*Reflections on the Guillotine*）、英国阿瑟·库斯勒的《关于绞刑的思考》（*Reflecting on Hanging*）。这两个人写作的动机，并不是出于抽象的理论思辨，而是由近距离体验到的、对极权制度犯下的恐怖罪行之强烈厌恶所驱使："看吧"，他们说，实际上，"不容许再继续下去"。毫无疑问，同样的体认促使最近在欧盟范围内全面禁止死刑。（在这一点，假如并不一定在其他事务方面的话，欧盟较之美国道德上要优越。）

的确，"人的尊严不受侵犯。其余皆为注脚"。

哲学人类学给这一讨论带来了什么？

130 　　在寻求对道德确定性予以合理的合法化过程中，追问一下现代智人的体质构造中存在什么首先使道德成为可能的东西是有益的——不是为了提供具体的道德准则（"肉体折磨不可接受"），而是在解释人类为何一开始就能成为道德的存在这一意义上。探索这类问题的学科当然是哲学人类学。它不能告诉我们肉体折磨为什么不可忍受,而是能告诉我们人类如何有能力追问和回答道德问题。这里的一个类比或许会有帮助:生物学家和语言学家能够证实人类具有先天的语言能力。这类能力甚至可能产生了语言的"深层结构",规定任何特定的语言(如瑞典语、斯瓦里希语)词汇和语法构造的种种限制性因素。但是,我们不能够从那些"深层结构"中直接推导出瑞典语的特定细节,同样,也不能从哲学人类学推导出瑞典人在肉体折磨和死刑问题上的价值观点。不过,如果试图理解后者,留意前者依然会有帮助。

哲学人类学家试图确认人类境况的结构组成。一个根本性的构成乃是"制度必要性"(institutional imperative)——也就是,人类对制度(传统的行为、思维和情感方式,如埃米尔·涂尔干所界定的)的需要,以便在自然和历史中生存。正如阿诺德·盖伦指出的,人类缺少独特的、生物学所决定的各种本能,这类本能有利于对环境的变化做出充分的反应。制度在一定意义上替代这些缺失的本能,帮助我们无需过多反思地(好像几乎本能地)、迅速对环境的变化做出反应。当交通灯从绿色变为红色,我立即刹车,这不需要反思,似乎出于本能使然。当然,这一反应不是真正本能式的,而是学到的行为。更为具体地说,它是一种制度性行为,因为汽车交通规则是我们都被社会化于其中、包含专门的价值和规范的一种现代制度形式。这类反应不是以生物学的方式被固定下来,而是具有历史学、社会学意义上的可变性。此外,各种制度——家庭、教会、中小学、大学、工会,等等——可以被看作好像是"事物"并从社会学的角度加以研究,正如涂尔干所强调的。然而,它们却是人类的建构物,随着时间的流逝而变化——通常缓慢地,有时(在革命时期)会很迅速。曾经有过并且仍有哲学家和神学家相信,制度是由上帝或诸神给定的。例如,婚礼仪式上所用的神学套话是:"上帝使之结合,不让分开。"但是,按照社会学的解释,婚姻是伴随着特定历史阶段而出现的一种制度性建构,也可用社会学的方式加以解析——并出于同样的理由,可被相对化和诉诸以怀疑。

作为哲学人类学解析对象的人类境况,其中一个重要的(可以说是关键性的)构成成分乃是人类属于言说和交流的存在这一事实。语言——先是说的,再是写的——是人类相互交流的工具。语词不但**指称**外部世界的事物,而且也规定它们,以美、有用性、危险、援助等等诸如此类以及相反的措辞方式。就是说,口头语并不是干扰台的纯粹噪音,而是承载着意义和价值。与后者相关联的乃是规范——道德行为的规则——因为价值要求承诺,故而由规范来表达。

然而,恰恰这些与语言有关的意义、价值以及规范——社会生活所依赖的支柱——是如何产生的呢?同样,也不能简单地参照形而上学的立场,诸如"自然"或者这样那样的"神灵"。回答必须是经验式的。我们认为,答案存在于**互惠性**(reciprocity)这一核心概念之中。

这一在社会心理学中起着决定性作用的概念，在美国哲学家乔治·赫伯特·米德（Geoge Herbert Mead）的"符号互动论"（symbolic interactionism）中得到了最好的阐明。他喜欢把这一理论又称之为"社会行为论"（social behaviorism）。我们在社会中的大量行为属于互动（interaction），米德评论道——与人类同伴一起的行为。在这些人当中，一部分是"重要性他者"（父母、孩子、配偶），其他则是我们与之互动的不那么"重要"的人们（偶然的相识者、邻居、送奶工人）。根据米德，小孩最终把所有这些互动整合为一个抽象的社会概念，即作为内在性规范之依托的"普遍性他者"（generalized others）。这类整合过程的发生步骤如下："如果我在地上撒尿，妈妈会发火"——"如果在地上撒尿，送奶工人会对我有不好的印象"——"一个人不能在地上撒尿"。（这一规范的最后一个表达式里的主词由法语中的 on、德语中的 man 传达得非常精妙。）

互动，米德认为，通常起始于身体动作姿势的交换。例如，有人在我面前挥舞着拳头。就其本身来说，它是一个无意义的姿势，而我必须做出解释。它可以是一个玩笑，或者是并无恶意的戏谑而已。但是，如果这个人的面部表情显示，这一姿势是一种挑衅，我就不得不往后退且握紧自己的拳头。这一反应在对方看来，乃是在我这一方所出现的敌对性举动，动作姿势的交换进而发展为一种富含意义的相互作用过程，名之曰"搏斗"。现在，整个事件过程中的关键动力在于互惠性。我明白另一个人的敌视性动作，是因为我能够以一种前内省的

"同情"(empathy)方式领受他的角色和态度。另一个人——把我的反应(握紧拳头)理解为应对挑衅的一种防卫性的敌对行为时——同样也将我的态度予以内化和解释。也就是说,通过我们之间交互的内在化和解释化,意义出现。起初无意义的动作姿势的交换转变成有意义的互动。

这类情形所牵涉到的问题实际上要更为复杂得多。在互惠性互动中,米德说,我们内化他者的角色和态度,并且在这么做时,我们不但把自己的思想、情感和行为引向位于我们"之外"的他者,而且通过被内化的他者角色引向我们自身。以老师和学生之间的互动为例。老师在教室里向坐在她面前的学生授课。她对他们讲话,但与此同时她也扮演学生的角色,并且专注于这一被内化的角色。同样的过程也发生在她的学生们身上,他们承担起老师的角色并把注意力放在这类被内化的角色上面。于是,"互惠性"便成为彼此间对对方的角色/态度的相互吸纳/内在化。正是以此类方式,意义(并因此而来的相互理解)能在互动中出现。互动过程故而也就不只是行为活动而已,同时也是能够予以命名的、充满意义的交换过程。在以上例子中,我们谈到了"教"和"学"以及在此互动过程中所涉及的"老师"和"学生"诸如此类交互理解、富含意义的角色。

米德为"互惠性"过程里的意义法则添加了一个道德的维度。"互惠性"使得我们对与之互动的他者的"同情"成为可能:我能够在我的意识里内化这些他者的认知和感受——用多少有些老套的话来说,"我感受到他们的痛苦"。接着,这又会在我这一方引起一种道德责任感:"同情"变得饱含道德的意义,当其指向"我不应该再施加这类痛苦给别人"这样的命题时。很明显,在肉体折磨的事例中,经由上述"互惠性"过程中的"同情"感,我把自己置身于受害者的立场的话,就会对此类行为加以谴责。但是同样明显的是,肉体折磨的历史表明,我可以避免这类"同情"(无论作为肉体折磨的目击者或亲自的施虐者),假如我设法拒绝给予受害者以"互惠性"过程中的那种关系地位时。按照米德的理论范式,那么,我即是不承认受害者作为潜在的"重要性他者"之地位——实际上有时在极端的情境下,不承认其人之为人的地位。关于大屠杀时期那些纳粹凶手麻木不仁的各种记录文献,为这一现象提供了骇人听闻的例证。同样,这也是自远古时期以降大多数奴隶主避免"同情"他们的奴隶的原因所在。

道德是"人性"的部分吗?

这些哲学人类学的思考显示道德在根本上如何可能——也就是说,它是个体借以被社会化的那种固有的"互惠性"过程的结果。但是,在此"互惠性"的过程里,个体在某种程度上得以"沉湎"于其间的道德范围之边界乃是被社会地建构起来的,并因此而有赖于那些引领个体社会化的"重要性他者"才能得以维系:一个专门在职业刑讯者家庭中长大的小孩,与作为和平主义者的贵格会信徒所养育的小孩相比,在"移情"的范围方面将会很不一样。"重要性他者"的不同群体构成也将会决定小孩头脑中的"普遍性他者"——也即是社会的内在化形象,个体对其承担道德义务(换言之,即以道德的方式作为个体亏负对象的民众整体)——具有不同的性质。在历史的进程中,"互惠性"义务的边界反复变迁,有时导向宽广的包容性,有时却变得更为狭窄起来。那么,"互惠性"能力显然是一个人类学的恒量,但却受制于各种形式的控制。以哲学的道理与一个对受害人毫无怜悯之心并因此不愿承担道德义务的施虐者进行争辩以反对肉体折磨,肯定无济于事。要使他转变,就应该改变他的体认——使他看。这种情况在实际的场合中也发生过。马克·吐温(Mark Twain)以深刻有力的文学作品刻画了一位从对奴隶实行肉体折磨的情形中幡然醒悟过来的奴隶主形象。他笔下的哈克贝里·费恩(Huckleberry Finn)发现:和他一起游历的逃亡奴隶原来和自己一样也是人,故而不应该返回到他的主人那里——实际上,根本不应该为奴。

到此,应该很清楚,究竟在哪一方面我们的观点可以安置在自然法理论的传统之内(尽管如前所言,我们不会论及当代哲学家与这一理论或与各种在起作用的其他观点相较量的方方面面)。就我们把道德义务(事实上是道德判断)立足于人的"互惠"和"移情"能力并认定这类能力是人类学上的一个恒量而言,即是主张一种自然法的观点。与诸如存在主义和后现代主义的理论相反,我们认为有"人性"之类的东西存在,并且这样的东西毫无疑问具有普遍性。我们断言:对人之尊严最为恶劣的侵犯,只有通过拒绝或压制这一"人性之自然"才成为可能。并且,只有在经过人类历史上许多世纪的体认之后,这一"自然"的整体轮廓才会变得清晰可见——但不是通过直线式的历史展开,因为体认在时间的不同序列中有得有失、不分高下。

遗憾的是,我们共同具有一般意义的"人性"这一命题的道德内涵也极容易被回避掉。前面已提到过一种回避的方式——不承认受害者为人。另一种常见的方式是否认施害者的权能。这往往采取宗教的形式:"真正做的不是我。我只不过是上帝的工具而已。"这类回避方式的令人毛骨悚然的表达可以在许多欧洲刽子手使用的刀剑上面看到(如在伦敦塔中陈列的):"你,主耶稣,乃是审判者。"换句话说,"我没有砍你的头,是耶稣砍的。"所谓的斯德哥尔摩综合症(Stockholm syndrome,根据一则奇闻轶事而命名。说的是被绑架的人在被囚禁数天后,开始同情起绑架者来,并保护他们)开始出现,当被斩首者持有这样的妄想时:"感谢你,主耶稣,砍下我的头颅;我受之无怨。"让-保罗·萨特把这一现象称之为"坏的信仰"(bad faith),不管在受害者还是在施害者那里都一样。

要注意到,这类"坏的信仰"可以同时采取世俗和宗教的形式。因而宣读判决结果的法官——不单是死刑(这种野蛮的实践依然盛行),而是任何的宣判——可以用与上述类似的方式否认其自身的权能:"我没有这样做。是法律。我只不过是法律的工具而已。"例如:"我宣布取消你家产的回赎权，可我并不对你流落街头负有责任。因为不是我这样地对你，我只不过是法律的工具而已。"有人会争辩道，离开了这类"有限责任"(limited liability)以便于一些人在社会秩序中扮演特定的角色如法官，社会秩序以及任何的法律制度将变得不再可能。然而，在这个例子中，并不改变"有限责任"之类的说法可能包藏巨大谎言这样的事实。

道德只是简单地顺从原则的事情吗？

如果前述论证有价值的话，那么，以一种肯定的态度做出道德判断的确可能，而这也给怀疑明显设定了界限。但是，正如我们努力表明的，确定性只适用于相对较少数量的一些"明显例子"——把将要掉进井里的小孩拽回，停止肉体折磨，帮助逃亡的奴隶。大多数需要做出道德判断的情形并不那么明朗。就像奥利弗·克伦威尔(Oliver Cromwell)向国会呼吁道："凭借基督的大爱，我恳求你们考虑一下，或许你们错了！"("基督的大爱"[bowels of Christ]这一古雅的表达出自保罗书信的《腓力比书》，显然是"基督的慈悲"[the mercy of Christ]的同义语。)故而，在道德确定性的范围内存在着怀疑的空间，正如在热忱的信仰那里有怀疑的余地一样。

马克斯·韦伯关于"心志伦理"(*Gesinnungethik*)和"责任伦理"(*Verantwortungsethik*)的区分，和这场讨论有关系。前一种道德类型把高尚的心志作为道德的基本标准。韦伯把托尔斯泰和他所代表的绝对和平主义树立为它的典型。其实,这一点,也可以同样以甘地(Gandhi)为例。他是托尔斯泰和平主义的信徒,把非暴力奉为绝对原则、不计及后果地予以主张。心志伦理有某种高尚的成分存在,但它也可以是极端地不负责任的。二战期间,一群犹太人问甘地是否完全反对以武力手段对抗希特勒。他说是。犹太人就问,如果这样,我们全被杀死,怎么办?甘地回应道,那么你们就能够以明白自己道德优越性的方式死去。如果犹太人接受了这种观点,他们就是十足的愚蠢。事实上,甘地的这一表态说明他的非暴力的意识形态很不负责任。

"责任伦理"反对上述的那种:不问一个人应该采取什么样的心志态度,而是问一个人行为可能带来的后果是什么。如果把目标设定为正确的结果,那么他将出于责任而行动,即便因此而把自己的双手弄脏也在所不惜。韦伯赞同式地引用了马基雅维利(Machavelli)的论述——统治者应该为城邦的福祉去行动,即便会因此而招致其灵魂的永恒劫难。(有人或许认为在这儿韦伯代表了路德伦理的一种世俗化版本,那是另一回事。)

在美国已经激烈争论数十年的堕胎问题说明了确定性和怀疑在道德判断领域的不稳定关系。这场论辩所牵涉到的两种原则能够由双方以相当肯定的方式加以确认(事实上也已经被确认):

> 1. 每个人都有基本的生命权利(这就是为什么谋杀是最为恐怖的犯罪之一)。

2. 女人有对待自己身体的基本权利。(这就是为什么强奸在侵犯人的尊严方面相关于谋杀。)

然而,论辩双方对于以上两个确定性判断中的哪一个应用到堕胎问题,做出了不同的选择。然而,被运用到这场论辩中的两个标签同样都是误导性的。一方声称"拥护生命"(pro-life),然而,"生命"不是问题所在。胎儿无疑是"人的生命"——一个人的阑尾也是(如果他有的话)。真正的问题是,胎儿是否是一个人?另一方则声称"拥护选择"(pro-choice)。当然,女人有权选择对她自己的身体做些什么。但问题是:什么时候、在哪儿,一个女人的身体终止而另外一个人的身体开始?总归,一个女人无权杀害自己两个月大的小孩(即使是她亲自哺乳的)。在这一争论的背后,实际上存在着和双方的视角很不一样的一个问题:**在怀孕九个月的时间轨迹里,什么时候人产生?** 在我们看来,诚实的回答是"不知道"。"拥护生命"方当然声称自己知道——在受孕的即刻。这一看法通常建立在并不能够使尚未信服者信服的神学或哲学的前提之上。最近,这一方又声称有了新的科学根据,因为妊娠中的每一个胎儿都已经有了特定的 DNA。但这同样没有说服力:我作为"人之所是"的一切并不等同于我的 DNA,并且,是我而不是我的 DNA 具有某些不可让渡的权利。而"拥护选择"方则回避这一问题——毕竟,直面这一问题很尴尬——但其中的一些拥护者似乎说在怀孕的任何阶段,胎儿都没有权利,正如在有关后期堕胎问题的讨论中一些人以令人憎恶的立场所显示的（以"部分分娩堕胎"说为他们的反对者所熟知）。在我们看来，双方如下的极端式立场皆无道理可言：(1) 受孕五分钟后，一个人以及与之相关的、所有的人之权利就已具备；(2) 出生前五分钟，这样的人不存在。

故而，在绝不否认上述道德确定性——一个人对生命的基本权利和一个女人关乎自己身体的基本权利——的同时，我们实在怀疑其中的任意一种或全部可以毫不迟疑地被运用到堕胎问题的解决。在这件事上，正如经常发生的那样，在对讨论中的议题背后的基本问题——在此乃是什么时候人之生命出现——并无所知的状态下，我们面临着做出道德上合理决定的要求。我们必须质疑任何以断然肯定的声音宣称知道答案的人，也必须质疑任何我们自己所能够提出的近乎拙劣的解决办法。由于不知道什么时候在与一个尚未出生的人（并非由 DNA 决定的细胞集合）打交道，我们必须格外慎重，支持一类保守的办法。这大概意味着：至少在怀孕的前三个月内，使堕胎成为女人的独有特权，然后使之越来越难以实行以至最终变得不合法，但某些特殊的情形除外。这其实是许多欧洲国家的立法现状，我们觉得特别负责任。

另外一个有趣的例子是时下欧洲关于穆斯林移民整合问题的论争——在我们前面讨论多元化和边界的需要时已经谈及过。在我们看来，这些问题当中，其中的一些是关于哪些道德判断可以非常确定地做出，而哪些必须为怀疑留有大量的余地。我们可以想象一种伤检分类法(a kind of triage)的样式。其中的一端,是几乎可以有确定答案的相关议题——例如,"荣誉谋杀"、女性割阴以及"暴力圣战"等必须绝对禁止。而另一端,对我们而言,则是一些可以表现得充分开明、大度一些的相关问题——如上班时批准给穆斯林以祷告的时间、确保在各处修建清真寺的权利(服从正常的城区规划考虑)以及在公众场合允许穆斯林妇女和女孩佩戴头盖等。但是在这一伤检分类法的两端之间,存在一个巨大的灰色地带。以如下的问题为例:要求恢复(或引入)对亵神言行予以制裁的法规;主张在教育中普遍地实行性别隔离;如一些穆斯林父母所提出的,他们的女儿不能参加和有男生参与的运动项目。在我们看来,在这些中间性质的问题上,一种小心、审慎实际上即为怀疑的方法正是亟待要提倡的。也就是说,确定性和怀疑之间必须再一次地达到平衡。

如何在社会上维持一种健康的怀疑氛围?

142　　除非倡导和实践对他人的权利实施侵犯外,所有的信仰都应受到保护,这乃是民主话语的普遍共识。但怀疑是脆弱和具有风险性的事情,也必须受到保护,以免某些人以这样或那样的所谓确定性名义对其进行压制。我们相信:自由民主制,以其对持不同意见者的自由权利给予保障的宪法和法律体系,提供了怀疑在其中能够得到保护甚至可能繁荣的最好的制度。

诚然，保护怀疑并不是每一个人的目标。忠实信徒们（任何信仰和国籍的）倾向于对怀疑及怀疑者加以攻击，并且努力占据政治舞台，以便建立起他们公然声称的意识形态的那种无所羁绊的专制统治。专制的各种"主义"（像法西斯主义、伊斯兰主义等）的理论家们，抵制公民所具有的诸如言论自由的各项自由，以及由独立司法所构成的公正审判等各类的基本法律权益。他们之所以拒绝承认公民的这些自由和权益：是因为理论家们意识到，如果一旦承认的话，势必要建立一个民主、宪法的政府，从而使保护怀疑的各种程序得以制度化，而怀疑正是忠实信徒们最为惧怕的。尽管专制因忠诚的意识形态信仰得以繁荣，民主却要以怀疑为基石并尽力保护之。作为民主制度典型特征的多党制，必须确保反对党的声音存在。后者的任务在于对统治党或联合党的各项政策提出批评（并因此而投诸以怀疑）。在盎格鲁－萨克逊的习惯法（Anglo－Saxon common law）中，怀疑被给予一种特别荣耀的位置：除非被证明为有罪，一个人仍是无辜的——"超出合理怀疑的尺度之外"的怀疑。

脆弱的怀疑需要宪制政府的保护，但它也正是民主制度的核心。然而，对意识形态的忠实信徒而言，鉴于对民主制度可能遭遇的长久威胁之考虑，认为重要的是宪制政府和民主政治制度本身不应诉诸以怀疑。这是一个明显的悖论：为了怀疑的存在，需要使宪制政府和民主制度免受怀疑。

这导致另外一个悖论：为确保民主的各项制度免受

怀疑,很容易导向民主和宪制政府的绝对化。事实上,存在着民主主义(democratism)的明显可能(并偶然成为现实),同时宪制政府的绝对化会引起宪制主义(constitutionalism)的出现。根据民主主义,人们希望把多党制度和自由选举强加给那些在很多方面依然是前现代的、极其传统的并且由种族和/或宗教隔离开来的社会之上。完全可以正当地怀疑,对于一个经济和技术尚不发达的国家来说,实行民主制度是否成熟。民主主义很容易适得其反,并使不发达、腐败、贫穷和苦难的境况加剧。非洲的很多后殖民地国家证实,民主主义可能带来政治、经济和社会文化的一系列灾难。对于宪制主义,在德国,有人正在力主"宪制沙尔文主义"(Verfasungschauvismus),实际上只不过是一种传统的(以及在这个国家的历史上未免可疑地出现过的)国家主义(nationalism)的替代品而已。宪制主义为国家宪法的近乎神圣并因此而不容置疑的特征辩护。毫无疑问,依赖于宪制性法律的规范和条例并没有错,但如果这类依赖发展为一种顽固的、不加批判的、对宪法所谓的神圣要素的信仰,就沦为意识形态的宪制主义,对怀疑会极端地敌视。例如在美国,对死刑合理性如果有质疑的话,通常只要简单地提及一下国家宪法,人们就不再吱声。荷兰做出与宪制主义极其相反的显示:在这个国家,各种法律和司法判决可以不受宪法的检验。

　　让我们扼要地重述一下本章的要点。我们已经调查了怀疑的道德界限,已认定基本人权不受侵犯这一点不受怀疑。为支持我们的结论,又援引了道德"互惠性"

这一人类学的基本原理,如在米德的"符号互动论"中所论述的——强调:这一基本的人类学前提并不导向经验上现成的、普遍的道德一致性,并且,这一"互惠性"的充足内涵通过漫长的人类历史而逐渐展开。

怀疑,如我们所见,是一项高风险的事情。我们认为,脱却民主主义和宪制主义窠臼的自由民主政府,由于为自由和权利提供了宪法和法律上的大量保护,乃是认知和道德的怀疑最为可信的担保者,至少在现代条件下是如此。(18世纪慈善的专制政体今天难以重构。慈善的专制君主很是罕见,但慈善更有可能在民主制的条件下被予以制度化。)

这里,拒绝任何人对民主的制度性安排加以怀疑并自由地表达这一怀疑的权利,不是我们的意图,只要他们并不积极努力去推翻民主制度的话。我们中珍惜民主的那些人将会致力于平息来自内部的这类怀疑,当形形色色的意识形态的忠实信徒对民主秩序的存在构成威胁时。总之,怀疑的最高礼赞乃是在其自身亦被诉诸怀疑之时,同时,那些保护它得以存在的各种条件又免受侵犯。

第七章 中庸政治

较之于与怀疑作思想斗争的人们(经常是多重怀疑),忠实信徒有相当的优势。怀疑者趋向于犹豫不决、左思右想。忠实信徒则恰好相反,只需行动即可。他们有绝对信念之类的自信,并且——尽管或许要考虑这样或那样的策略性方向——他们会知道哪一种策略是可行的,因为这由绝对信念所决定。换句话说:忠实信徒不但为各自所致力的事业专心工作,而且除此之外,他们并无其他的事情可做。怀疑者通常被许多其他的事情缠得脱不开身——家庭、工作、业余爱好、不良嗜好,等等。而这也正是奥斯卡·王尔德所想到的,当他说社会主义的麻烦在于它夺去了你所有自由的夜晚。

"中庸政治"是什么意思?

在前面的几章,我们已讨论了怀疑的宗教和道德含义——也即是在同样不甚理想的相对主义和基要主义这两个极端之间的那类中间立场所具有的宗教和道德含义。它同样也存在着重要的政治含义:我们的立场呼唤一种中庸式的政治(a politics of moderation)。为践行这样的政治,就必须不受以上所言狂热主义的那种简单便利的生存方式所吸引。一个人必须培养起不可以也不应该被政治化掉的各种兴趣和爱好。1940年,西蒙娜·薇依(Simone Weil)给一个小姑娘写信,谈及在战争年代学习做功课的重要性。薇依虽然令人钦佩,但不够幽默,而幽默实际上在这样的时代情境下很管用。狂热分子很少有幽默感,实际上他们把幽默看作是对其所宣称的确定性的一种威胁。幽默通常揭穿那些所谓的"确定性"的真实面目,同时给反对狂热分子的人们以声援。这就是为什么在政治压迫的条件下,笑话很活跃。苏联和它的卫星是大批笑话得以滋生的渊薮,既揭穿了这一共产主义政权的虚伪面纱,同时也鼓舞了那些反对它的人们。

那些抵制狂热主义的人需要这样做,以免自己也变成狂热分子。然而,这丝毫不意味着他们在政治行动中可以不够果断。在南非反种族隔离斗争以及与支撑这类隔离的狂热主义意识形态进行对抗的过程中,三个卓越的人物脱颖而出——纳尔逊·曼德拉(Nelson Mandela)、海伦·苏斯曼(Helen Suzman)、德斯蒙德·图图(Desmond Tutu)。这三位反对派所奉行的政治立场都很果断、坚决,然而,其中的每一位在个人的见解和风度方面,却也是温和适中的。

海伦·苏斯曼——我们写作本书的此时此刻适逢她九十岁的生日大寿,或许是三个人中在美国最不为人所知的一位。多年来,她只是南非议会中反种族隔离的一名成员——这一身份在野蛮镇压时期也保持着。尽管如此,她却有着敏锐的幽默感,且时不时地以此反对她的政治对手。在向内阁发表演说的一个场合,她建议他们参观一个黑人小镇,去看一看那里人们的生活状况,或许可以从中受益。但转而却说道,他们去时,应该把自己乔装成人类。在另一个场合,她责备对种族隔离政策在态度上一直很软弱的官方反对党,说:在议会,她时常瞅着反对派的席位,希望瞥见哪怕是一丝令人沦肌浃髓的寒战,但每次均以徒劳而告终。

一个笑话,比一篇分析性论文更为简洁有力,能够揭穿整个的一类意识形态的真实面目。以如下苏联时代的大量笑话之一为例:

> 当城里有食物而乡下没有时,意味着什么?
> 托洛斯基左派的偏差。
> 当乡下有食物而城里没有时,意味着什么?
> 巴枯宁右派的偏差。
> 当城里和乡下都没有食物时,意味着什么?
> 正确的党的路线。
> 那么,当城里和乡下都有食物时,又意味着什么?
> 资本主义的恐怖!

怀疑不必导致瘫痪无力。中庸也无需转变为仍旧是另一种版本的基要主义。中庸政治有赖于在核心的确定性与无一具有确定性性质的诸多行动可能性之间达成一种平衡。而且,那类核心的确定性必须和个人的自由和权利方面相关联——如我们在前面的章节所主张的,在一个人单脚站立的时候能够被说出来的那类确定性。

什么是所有人皆有权享有的自由?

我们这里设想的自由不是欧洲古典自由主义的"消极自由"(negative freedom,如英国哲学家以赛亚·伯林所定义的那种)—— 也即是说,不是从政府的压迫和控制中解放的自由,而是在生活的所有领域去创造性行动的自由。当然,两种类型的自由皆可以被极端化并因此而遭到滥用。消极自由能够用以指涉从任何形式的束缚中解脱出来的自由。就这一意义而言,在每一种坚定的自由主义主张的背后,皆暗藏着一位无政府主义者。同样,积极的自由则可用来表示不承认超出自己喜好之外的任何标准的、无拘无束的个人主义——当是另一种版本的无政府主义。

在历史上,自由的发现与个人尊严的发现携手并进。这两类发现在不同的文化里都能够找得到相关的例子。无疑,三个主要的一神论传统——犹太教、基督教和伊斯兰教——皆包含着作为上帝的创造物并最终对上帝负责的"人类形象"(the image of humanity)的观念。这意味着平等——所有的人都面对上帝而存在——并且事实上是对每个人的自由和尊严的认可。

在基督教,这些源自希伯来圣经的观念与古希腊哲学和罗马法所衍生出的个体尊严的思想嫁接在一起。毋庸赘言,历经许多世纪之后,这些信念所包含的道德以及实际的政治重要性才得以充分实现。

类似的(在某些文化情境中,如果不是等同的)思想可以在以上所言"亚伯拉罕"的传统以外的文化背景中找到。《奥义书》中被视为印度所特有的、与所有现实存在之神圣基础相同一的永恒自我(eternal self)思想,当然暗含着每个人皆具有的尊严性,这类尊严超越于任何特定的尘世轮回状态里的等级制度。这一自我的形象乃是印度人相互之间鞠躬问候和合掌致意的寓意所在。佛教徒悲悯"有情众生"(sentient beings)的教谕有着类似的含义(尽管古典佛教不承认自我的实在性)。同样,儒家思想把个性化至少归属于能够成功地修养自身的那些个体。非洲的传统思想建立在善待所有人的乌班图(ubantu)价值观之上。因此,认为只有在西方文明中才能找到自由以及所有人皆享有的权利的思想,将会犯种族中心论的错误(用典型的美国话说,"不论种族、肤色和信仰"——一个最近以"性别和性倾向"加以扩充的短语)。但是,人们依然可以做出一个简单的经验陈述:只有在西方文明中,对人之为人的内涵的这类理解已在政治和法律中被予以制度化。

我们不是在倡导古典启蒙时代思想的进步性。在历史上,不存在经验上可以证实的全面进步。诚然,道德的洞见通过时间而演进——但也可以再次丧失。尽管没有全面的进步,但有特定方面的进步。我们强烈主张,自由与人之尊严的制度化就是这类进步。如果社会学对我们有任何教益的话,那即是本书的作者之一安东·泽德瓦尔德在别处所说的"制度必要性"。信仰、思想和价值观或许会在不同的时间和地点突然冒出。但它们充其量也只不过是昙花一现的现象而已,除非它们被具体化到制度之中。只有那样,这些东西才能够内化到人们的意识之中并一代一代地传递下去。

在此,我们必须坚持在今天的"进步"圈子里绝对不合正统的一项主张:就自由被予以制度化的方面而论,欧洲占有独一无二的地位。正是从这一地区,这些制度被传播到世界的其他地方,而且,现在几乎在每一个地方(包括所盛行的制度与欧洲的那种很不一样的国家)都被口头地予以承认。我们指出这一点时,必须强调两点作为补充:

1. 把这种卓越性归之于欧洲,丝毫不意味着在实际的历史中欧洲是道德的典范。当然不!任何主张后种一观点的人可被一个简单的词语所反击:"奥斯威辛"(Auschwitz)。任何制造了那种难以形容的恐怖的文明不能声称道德的优越。但是,这一贬抑性的洞察并不改变有关自由和人的尊严的思想率先在欧洲被转化成制度这一事实,尽管违背这些制度之精神的现象屡见不鲜,且时常以可怕的方式进行着。

2. 承认类似的思想可以在欧洲以外的文化中找到,并不否定这样的事实:其他的文化未能成功地产生出各种制度,能够把这些思想转化成不单是为某一类社会精英(不管如何界定)而且原则上为所有人的那种日常生活的经验现实。伊斯兰教无疑包含所有人在上帝面前平等的观念,并且这一信念事实上在很多情形下使传统的等级制度变得晦暗不明;虽说如此,伊斯兰教几乎在所有的地方都与否定平等性制度之事实相并存。尽管印度教和佛教庄严无比的说法里面或许暗含着内在于所有人的那类潜在尊严性的存在,在实践中,这类尊严却只归属于在精神的完满之旅中获得成功的那些人。并且,正如伊斯兰教那样,在印度教和佛教中,庄严崇高的思想与不断对其进行否定的各种制度并存着。提一下印度的种姓制度就足以说明问题。儒家的确有一种个体式的崇高观念——但只针对那些能够成功地修养自身的个体(遗憾的是,古典儒学没有设想妇女可以达到崇高的修养境界)。

尽管如此,欧洲以外的文化传统里关于人的尊严和自由的思想的存在,有助于解释为什么实现这些思想的欧洲制度在渗入到世界上几乎每一个地区的时候,人们总是能够乐意接受。

人的自由和尊严可以被制度化吗?

使人的尊严和自由予以正式化的各种制度,可以说是以民主三角形(democratic triangle)的形式而存在。三角形的三个点分别是政府、市场经济和公民社会。关于这三类制度复合体之间的理想平衡问题,依然是一个意识形态和实践方面的纷争话题。显然,这些纷争决定了"右的"和"左的"政治立场的边界分殊。但是,在这个三角形中,任何一个点的毁坏,也会殃及到其他两个点——如果不是立刻见效,那么从长远来看即是如此。

让我们依次看一下三角形的这三个点。政府当然位于民主界定的核心位置。但我们必须强调,就这个点而言,关键在于自由式民主问题的解决。也即是要确立一种政治制度,其中,民主的程序性机制(不受强迫的选举、作为选举结果的政府变更、公民为了应对选举竞争进行结社的权利)与对个人权利与自由的严格确保结合在一起。需要注意的是,同样也存在着不自由的民主——在政府那里,自由制度的各项程序虽然到位,但并没有以上所说的确保内容。提请大家注意这一点(正如前文所提到的记者法里德·扎卡瑞亚最近提醒美国读者注意的那样)是有意义的。在许多国家,普通的大多数人乐意实行野蛮政治。在这些国家里,民主所提供的如果只是多数人借以掌握政治权利的程序机制的话,那么广受这类人等欢迎的种种野蛮将会凭借在民主方面毫无瑕疵的各种手段得以上演。仍有一定数量的国家(包括美国)实行死刑,就是野蛮得到民主式认可的一个例子。然而死刑,与许多其他的野蛮制度一起,已经在相当多的国家里由非民主性质的政府废除掉——甚至一度在沙皇俄国如此。也就是说,现实中可能有开明的专制统治存在。但这类开明性(liberrality)却仰赖于具有开明眼光的政治精英——一种至少在现代条件下为稀罕品的精英类型。

撇开民主哲学之类的问题不谈,在民主和一个社会里基本正义的维护之间,存在着高度的相关性。这一结论可以用漂亮的政治理论话语加以表达:权利是腐败的,这就是为什么杂种们容易上台主持政府。民主本身无力改变这一现实,但是它能确保杂种们会被定期地撵出来,并且即便他们当权,也会对其所作所为有所限制。当然,民主本身也并不对这一点做出言之凿凿的认可和保证,但对于那些赞成、喜好民主但有着清醒头脑的人们来说,它将发挥作用。

对民主的喜好直接和位于我们讨论核心的怀疑的话题相关联。反对派角色的存在对于一种议会式民主至关重要。这一角色的实质,很简单,乃是对政府的立法和政策提案投诸以怀疑。这就是为什么民主制度必须小心地保护反对派的权利及其合法性,正如英国国会所使用的措辞里明白表达的——"女皇陛下忠诚的反对派"!缺乏这类保护措施,议会很可能就会沦为鼓掌的机器。

有些人把民主作为一种意识形态加以拥护,目的在于将民主政权安插在世界的每一个角落,甚至在那些公民追求开明政策都不太可能的国度里。相信上述理由会使他们打消这一念头。最近美国在外交政策上的种种冒进,为这类主张提供了令人泄气的教训。就此而论,民主本身并不是热忱献身的合理对象。但是,民主应该予以阐扬的理想价值则是另一回事——自由、人的尊严以及人权等价值。甚至当一个人奉行中庸政治——我们已经定义为可以容纳怀疑的政治——时，他也可以热忱地，实即不再温和地，投身于这些价值。正如上一章所讲，当民主及其精神元素受到威胁时，这表现得尤为显著。

现在来说说民主三角形的第二个点。如果民主以自由的"政治行为人"（political actor）——公民的存在为基础，市场经济则以自由的"经济行为人"（economic actor）的存在为前提。在这两种情形下，从"自由的"（free）这一关键词可以看出，两种制度均建立在"个人权利"的基础之上。民主三角形上述两个点之间的关系问题长期以来一直是激烈争论的主题。按照当代的用法，政治立场中的"左"（the left）倾向于三角形中的政府，"右"（the right）则倾向于市场。（这两个术语在其他时代有不同的含义。）两种倾向皆可以被推向极端，从而使三角形的结构失去平衡——极"左"则意味着压迫性质的政府主义，极"右"则意味着竞争不受监管的无政府状态。"左"和"右"的**合理版本**则避开了这些极端化倾向。

有一类"右"（还是按当代尤其是美国的术语用法）的意识形态，把民主和市场经济视为同一硬币的正反面——也即是，作为两种同延性的（conextensive）并且相互依赖的社会安排。就经验而论，这不是很正确。可以有那种对市场构成有效破坏的民主类型（"民主社会主义"，姑且这么说），也可以有由非民主性质的政权所掌控的市场经济。这样,从经验角度观察,一种更为微妙的视阈显露出来:市场经济是民主之必要但非充分的条件。更为重要的是,市场经济一经引入,有朝一日,迟早会带来一种民主化的效果,尽管这类效果并非势不可挡和不可逆转的。在我们看来,在此一问题上,中庸政治将会具备这一微妙的视阈。(很明显,这里不便对这一视阈作详细论述。)

最后,民主三角形的第三个点是公民社会——也就是,介于个体生活和现代社会巨型上层建筑之间的各种形式的机构性组织。宗教组织是这类居间性结构非常重要的代表,这就是为什么人们可以合理地认为宗教自由是一项基本的权利,且这一权利不但是为了宗教而且是出于健康民主秩序的需要。公民社会的各种组织对政府和市场的权利皆会施以限制,但这类限制对后两者的存在来说却是必须的。反过来,公民社会也只有在民主政府和市场经济的条件下存在和运作得最佳。(同样,我们在此也不能够对这一观点作进一步阐述。)

一般说来,民主三角形的三个点——前面提到的政府的制度性集合体、市场经济和公民社会——分别关联和对应着三种类型的现代意识形态——自由主义、社会主义(以其民主版本)和保守主义(同样以其非政府权威主义的版本)。我们主张,中庸政治在这些意识形态中任何一种的范围之内皆是可能的。温和的自由主义者以及温和的社会主义者(社会民主主义者,你愿意这么讲也可以)懂得政府和市场两者的局限,从而拒绝将其中的每一个予以绝对化。保守主义者倾向于美化公民社会(埃德蒙·伯克[Edmund Burke]所说的"小单位"[little platoons],许多这样的组织受传统价值观念驱使并开展起来),但他们中的温和派知道,在现代条件下,公民社会只有在民主政府和市场经济的条件下才会生机勃勃、繁荣昌盛。反过来,在这三种意识形态里,其中的每一种皆有可能走向偏激——自由主义对市场的理解走向绝对(以所谓的自由意志论[libertarianism]为特征),社会主义走向对社会的各种机构进行极权式控制,而保守主义则走向极端保守的(且是徒劳的)、旨在于向这样或那样的传统社会复归的计划和方案。为实现我们这里所主张的中庸政治,人们必须对以上三种民主意识形态中的任何一种皆可能出现的偏激化趋势予以抵制。

中庸式伦理如何运作?

我们在这里努力所做的,乃是要说明:不只是在宗教和道德领域,而且在政治上,可以有一种介乎相对主义和基要主义之间的中间立场存在。中庸政治恰好就属于这类中间立场。并且,尽管在其拥护者的头脑里还萦绕着诸多的困惑,这一立场本身却是以热忱的投入精神被践行着。正如我们所见,所有激进的意识形态倾向于制造基要主义者——希望最好在整个的社会范围内或至少在他们所控制的某一个社会部门建立起其世界观"理所当然"性统治的忠实信徒。同样地,也有政治相

159　对主义者,希望把政治和任何种类的道德真理相分离,因为这类真理很难获得,即便获得,也是不合乎需要的。后一立场的典型例子乃是激进的"文化多元论者"(multiculturalists),他们坚持所有的文化在道德上平等,故而能容忍任何的野蛮行径(在国内或国外)发生,因为这被认为是这样或那样的文化的某个组成部分。

中庸政治需要自己的伦理。回过头来想一想马克斯·韦伯关于两种伦理的判分:心志伦理和责任伦理。基要主义者通常被前一种伦理(在英文中又译作"终极目标伦理"[ethic of absolute ends])所吸引:怀疑被排除掉,因为在"理所当然"性的世界观范围内,所有根本性的问题都已经有了答案。与之相反,政治的温和派却被责任伦理所吸引。他们知道在政治领域很少有确定性,除了在单脚站立时可以被说出来的那种确定性以外。故而,并没有行动的绝对指南,这意味着行动的种种可能性后果必须尽可能审慎地、讲求实效地予以评估。评估之后,就必须投入到必要的行动中去,在"非常时期"搁置怀疑和犹豫。相对主义者也有自己的伦理。它是"怎么样都行"的伦理,由所谓的后现代主义做出了出色的例示,最后以虚无主义的伦理而告结。矛盾的是,在这一极端的立场里,也同样压制怀疑——即,对于是否根本不存在必然性的真理的那类怀疑。事实证明,即便后现代主义的理论家们也可以是非常狂热的。如果有人胆敢质疑他们的理论,狂热主义情绪就自然会浮出水面。

为对我们在此所主张的那种建立在中庸式伦理基

础之上的政治立场做出具体交代,我们将简短地回到时下分别在美国和欧洲广受公众瞩目的两个议题——死刑问题和移民的整合问题。

欧洲人对于死刑在美国的顽固存在感到震惊(我们认为,感到震惊是对的)。死刑在美国的持续存在,存在着若干原因——拓疆时代所遗留下来的文化遗产,宗教较之于欧洲更为强大的影响(之所以成为一个解释性因素,是因为那些相信来世生活的人们令人遗憾地,用路德的话来说,通过帮助邻居从此世转移到下一世的方式"践行基督教的邻睦之爱"),以及美国更加民主的特点(西方的世俗精英们倾向于反对死刑——并且在欧洲,这类精英更具影响力)。

虽说如此,赞成死刑的美国人的数量已经平稳下降,从不久前的绝大多数到现在的不及半数。如何对这一现象做出合理的解释虽然目前尚不明朗,但关于这一问题的讨论最近出现了两个方面的新进展,该讨论也因此而映入公众的视线。首先,DNA 检测发现:一些人并没有犯罪,却被判处死刑。这些人后来被从死囚中释放出来。尽管并没有获刑者本属无辜的决定性证据,但这些基于 DNA 检测的死囚无罪释放的生还者案例使得如下情况成为可能,即:一直就存在着错误的死刑判决。另一项新进展是指对通行的死刑执行方法——致命性药物注射——出现了一些指控。尽管其拥护者认为,这种方法比诸如绞刑或电刑要人道得多,死囚犯们的代理律师的指控却提供了与正式看法相反的证据,表明如今所实行的药物注射实际上非常痛苦。如果要是这样的话,根据法律,它将违反了宪法中禁止"残忍的和非正常的惩罚"这一条。美国最高法院在处理来自肯塔基州的一个案件时,已经同意受理这类指控。在写作本书时,最高法院的判决还迟迟还未下达,这在美国已构成事实上的死刑延缓执行。

我们在前面坚持认为应该摒弃死刑,因为就其本身来说,死刑乃是对人的尊严的一项恶劣侵犯。显然,如果死刑通过致命性药物注射来执行的话,比长时间的肉体折磨或把一个人活活烧死,其野蛮的程度要轻微一些。但是,死刑的执行不存在有任何人道的方式。最高法院即便做出维护原告的裁决,也将是站在狭隘的立场上这么做。它或许会判定诸如这一特定的处死方法(所谓的致命性混合药物注射)不符合宪法。最高法院不太可能做出反对死刑本身的判决。那么,保留死刑的那些州(依然为大多数)可以再发明出另一种混合性药物,这一点将不存在任何的法律障碍。这种药物被认为更少痛苦并因此不违背宪法的禁令。

如何看待这些新近的进展?如果像我们一样,相信死刑之不可接受性,这些进展在原则上就是错误的。我们不介意以那种典型与心志伦理相关的绝对性话语表达我们的原则。毫无疑问,无辜者被处死,情况很恶劣;如果处死过程牵涉到巨大的痛苦折磨,同样也很恶劣。但是,即便把死刑施加到对某种罪行负有责任的人的头上,也是不可接受的;即便死刑通过被认为无痛苦的方法来执行,一样不可接受。总之,死刑在本质上乃是对人的尊严的一种不折不扣的侵犯。即使被处死者并非无辜并且一种真正无痛苦的处死方法被设计出来,也同样改变不了这一事实。因此之故,心志伦理会建议:关于死刑问题讨论的新近进展在原则上应该予以抛弃,并且应该庄严地宣布:死刑实乃对美国民主的基本价值观念的一种冒渎。那么,反对死刑的人们应有的策略即是:坚决主张立即、全面地废除之,通过立法和法院双重机构——尽管就当前在立法者和法官中间所盛行的舆论态度来看,在美国,这一策略很可能会失败。

这里同样也存在责任伦理,会建议一种不那么绝对化的策略,即使这一策略在道德方面很不合胃口:眼下的目标必须是尽可能地减少死刑。死刑的延缓执行比不延缓执行要好。而且,在司法当局为一种无痛苦的处决办法继续其徒劳的探索之时,公众舆论要开始抓住不存在有人道的方式处死无论有罪与否的人们这一事实。谁知道呢——或许这一见解可能会渗透到最高法院九个成员的脑子里头,而他们被认为是代表了美国司法智慧的制高点。

让我们把话语的焦点转移一会儿。正如我们前面注意到的,欧盟各国正在讨论的一个迫切事务是关于移民整合的问题,尤其针对于那些来自与欧洲的文化经验相距甚远的国度里的人们。近年来,存在着一种明确的新动向,对20世纪最后十年盛行的"文化多元主义"的意识形态有所偏离。文化多元主义者主张:移民有权利保留他们原有的文化,并且,除避免从事不法活动外,他们不应该被指望与东道国的文化相融合——即便他们已经是该国的公民或当他们将成为该国公民的那一刻时。不出所料,偏离"文化多元主义"的新动向可以采取非常丑陋的形式——种族主义、仇外和针对移民的暴力。而就文化多元主义本身而言,它是通过精英分子的看法而提出的,故而持守这一立场就为任何想对其表示异议的人们制造了各种困难。持异议者通常会被认为是种族主义、民族中心主义等。

在移民文化的舞台上,像在其他地方一样,在宽容一切和一切皆不宽容这两个极端之间,也存在一种合理的中庸立场。应该清楚,在民主的制度里,人们有权保留它们的家族传统——语言、宗教和道德习惯等。但同样也要清楚,一个社会有权维护其本土的历史文化,新加入者如果想成为该社会的一份子的话,应该确认对这一本土文化一定程度的忠诚性。然而,一个明显的问题是:可宽容的和不可宽容的这两者之间分疏的界限如何划定?

近年来,特别是由于伊斯兰教激进分子对西方世界的暴力侵扰,文化方面的关注主要集中在穆斯林移民身上。依然有欧洲人坚持认为移民不应被强迫对东道国的文化做出适应,除了遵守法律这一最低限度的适应之外。其他人则坚决主张移民在文化上应该被全盘同化。正如已经指出过的,在此问题上,我们设想出一种"伤检分类法"的分类标准——移民的原有文化里明显不可接受的条目(如对妇女的"荣誉谋杀")、明显可接受的条目(如尊重穆斯林工人的宗教义务)以及那些处在灰色地带的条目。

无疑,正是这一灰色地带问题重重。清真寺虽然没有直接培植暴力去反对异教徒,但传授教义时把所有的异教徒定性为"真正宗教"的敌人,政府当局应该予以干涉吗?(必须承认,言语和行动之间往往只有一步之遥。)尽管穆斯林有权利在公共空间拥有其膜拜的场所,但如果清真寺被直接计划在多个世纪以来就被视为某城市有形标志的一所基督教堂的正对面建造时,有没有立法的根据加以反对?这样的例子可以很轻易地列举下去,正如我们在前面的一些章节所显示的。对于这些问题,并没有一刀切式地断然回答,应该本着一种开放、务实的精神去着手对待和处理。并且,对于移民和历史传统意义上的本土集体成员双方的权益都要予以尊重。

这里,根本性的问题在于:一个共同体如何界定其归属性边界?如果不存在边界,也就无所谓共同体可言。每一个"我们"里面都暗含着一个"他们",但道德和政治的问题却是"他们"怎么界定,以及他们能否受到保有其尊严的对待。

归属性边界的问题之一:谁是"我们"而又谁是"他们"?很多人不假思索地以国际运动赛事的方式界定这一分法。因此在最近的一场英国对巴基斯坦的板球比赛中,当巴基斯坦的英籍后裔为后一球队加油时,许多英国人感到震惊。在有几分类似的情形中,美国人也有一种普遍的愤慨,当墨西哥把投票权扩大到边境以北墨西哥籍的人们且无视这些人是否是美国的合法居民时。使这件事情变得更为糟糕的是,墨西哥总统在一次讲话中指出,墨西哥不会在国际边界问题上做出让步。

归属性边界的问题之二:纳粹占领下的欧洲最鼓舞

人心的事件之一，乃是丹麦全境整个犹太人口的得救。上至国王，丹麦社会的每一个部门的人士皆众志成城、自上而下地投入到精心组织的营救行动当中。几千名犹太人在盖世太保的鼻子底下钻过，被带到中立国瑞典。二战结束后，美国的一个犹太代表团访问丹麦首相。该代表团的领袖说，"对于你们为我们的人所做的一切，我们深表感谢。"首相回答，"我们并没有为你们的人作任何的事情。所做的一切，乃是为了我们的人。"显然，首相的意思是说，解救行动不是为了替"他们"做事而开展起来的——也就是说，为了外人；相反，得救的犹太人不是"他们"，而是"我们"——丹麦国民共同体的正式成员。如何划定边界问题的一个相反例子（当然，戏剧性程度要弱得多）来自于今天的德国：出于一片善意，该国的自由派团体组织并开展起各种运动，提出旨在反对"对外国人的敌视"的口号——目标受益人中包括在德国出生且是德国公民的"外国人"。同样的暧昧用语可以在鼓励"德国人和犹太人之间进行对话"的各种计划方案中得以发现——意味着（无疑也是无意造成的）这两种身份相互矛盾。

如果本书的论证可取的话，自由式民主的各项价值，尽管在特定的历史发展条件下有其相对的一面，依然可以合理地宣称为具有普遍的权威性。我们不能够在自己声言自由和权利的同时，把这种声言贬低至一种仅流于意见或喜好的层次——如果有人说"我谴责肉体折磨，但我尊重你持异议的权利"，恰似以同样的口吻说道,"我喜欢莫扎特,但你有喜欢贝多芬的自由。"中庸政治同时要避免相对主义和基要主义。但在保护基于对本书所努力阐明的人类状况之洞察(the perception of human condition)而形成的核心价值方面,它也可被真诚的热情所激发。我们颂扬怀疑,决不减损乃至于荡没这类激情。

索 引
（索引页码为英文版页码）

abortion debate	堕胎问题的讨论,24,44,68,139-141
absolutes	绝对性
in the exclusivist position	排他主义立场中的~,38
falsification of truth and	真理和~的证伪,90
fanaticism as surrender to	作为向~屈服的狂热主义,47-48
leading to self-confident action	导致自信行动的~,147
mathematics and logic	数学和逻辑的~,90,91-92
relativization and	相对化与~,25-28,5
absolutism	绝对主义 44,47
adiaphora(marginal component)	琐事（边缘性成分）,40,116,117
agnostic position	不可知立场,107-109
agony of choice	选择之苦,17,45-46,93-94
apocalyptic movements	灾变性预言运动,96
apologetics	护教学,85
arendt, Hannah	汉娜·阿伦特,76
"art of Doubt, Faith, Ignorance and Knowledge the"(Castellio)	"怀疑、信仰、无知以及知识之技艺论"（卡斯特利奥）,101
"art of mistrust"	"怀疑的艺术",54-55
Solomon, Asch	所罗门·阿希,33-36
atheism	无神论 1,107-108
authoritarian state	独裁政权,76,77

Azusa Street Rivival　　　　　　　　阿苏萨大街复兴,4

background　　　　　　　　　　　　后台,14-15,17,46,72,122
　　See also taken-for grantedness　　也见"理所当然"性
Bacon, Francis　　　　　　　　　　　弗朗西斯·培根,109-110,111
behavioral components　　　　　　　行为构成成分,32,84,85
belief system　　　　　　　　　　　信仰系统
　　See worldview　　　　　　　　　见世界观
Benedict XVI, pope　　　　　　　　　教皇本笃十六世,50-51
"benign certainty"　　　　　　　　　"和善的确定性",92-93
Berkeley, Bishop (George)　　　　　　乔治·贝克莱主教,63
Bible　　　　　　　　　　　　　　　圣经,101,102
biographical reconstruction　　　　　个人生平履历的重构,82-83
biological functionality　　　　　　　生物学的功能性理论,126-127
blasphemy laws　　　　　　　　　　亵神性法规,24,52,141
border cases　　　　　　　　　　　临界性情形,106
bricolage (tinkering)　　　　　　　修修补补,43
Buddhism　　　　　　　　　　　　佛教
　　plurality in　　　　　　　　　　~的多元性,10
　　recognizing human dignity　　　　认可人的尊严的~,153
　　revival of　　　　　　　　　　　~的复兴,5-6
　　self in　　　　　　　　　　　　~中的自我,53,151
　　tolerance in　　　　　　　　　　~里的宽容性,30
　　burden of choice　　　　　　　　选择性重负,17,45-47,93-94
　　busyness　　　　　　　　　　　庸碌,25-26,46

Calvin John　　　　　　　　　　　　约翰·加尔文,97-101,109,113,114,115
Calvinism　　　　　　　　　　　　加尔文主义,100-103,115
capital punishment　　　　　　　　　死刑,129,137,144,154-155,160-162
Castellio, Sebastian　　　　　　　　巴斯蒂安·卡斯特利奥,100-102,113

Catechismus Genevensis (Calvin) 《日内瓦教义问答》(加尔文), 100
Catholic Church 天主教会
  in American ecumenism 美国普世教会主义中的~, 30, 38
  dealing relativization 与相对化过程打交道的~, 49–51
  Elightenment's attack on 启蒙运动对~的攻击, 2
  growth of the ~的发展, 5
  middle position in the ~中的中间立场, 115
  Pentecostalization of the ~的五旬节派化, 5
  plausibility structure 可信性结构, 35–36
  role of the pontiff 教皇的角色, 96
  Second Vatican Council 第二届梵蒂冈大公会议, 21, 50, 15
  as voluntary association 作为自愿性组织的~, 19–21
Catholics, inclusivism of 天主教徒的包容主义立场, 43
charismatic movements 灵恩运动, 4–5, 6
choice 选择
  agony of ~之苦, 17, 45–47, 93–94
  doubt and 怀疑和~, 106
  and false consciousness ~和虚假意识, 47–48
  foreground and background in ~问题里的前台和后台, 14
  as morally desirable 作为道德上合意的~, 119
  shift from fate to 从命运到~的转换, 12–17
Christian theologians 基督教神学家, 3, 41, 85, 115
Christianity 基督教
  charismatic movements 灵恩运动, 4–5, 6
  Eastern Christian Orthodoxy 东正教, 5, 21, 30, 115
  plurality in ~中的多元性, 10, 39
  Recognition of human dignity/freedom 对人的尊严/自由之认可, 150, 151
  subjected to doubt 诉诸怀疑, 101
  See also Catholic Church; interfaith 另见天主教会;信仰间
  dialogue positions; Protestantism 对话之立场;新教

church, the	教会, 21, 79, 93
churches	各个教会, 19-22, 157
civic peace	文明和睦, 8
civil liberties	公民自由, 113, 118, 142
civil society	公民社会, 118, 154, 156-158
civil unions	民事伴侣关系, 24, 27, 44
Cotigo ergo sum (subjective self)	主体性自我, 53
cognition	认知, 25, 27-28, 44-48, 84, 85
cognitive compromise	认知妥协, 33-36, 39, 40, 78, 116
cognitive contamination	认知污染, 10-12, 31-33
cognitive defenses	认知防卫
against cognitive contamination	防止认知污染的 ~, 31-33
cognitive compromise in absence of	在缺乏 ~ 状态下的认知污染, 33-36
examples of exercising	应用 ~ 的例子, 32-33
and plausibility structure	~ 与可信性结构, 35-36
cognitive dissonance	认知失调, 31-32, 77, 90-91
cognitive doubt	认知性怀疑, 110
"collective conscience"	"集体意识", 68, 66
collective shock	集体性震撼, 28
"colonial people"	"殖民地民族", 59-60
communication	交流, 31-36, 77, 78, 81-82
Communism	共产主义, 58-59, 83, 85, 95
Comte, Auguste	奥古斯特·孔德, 2-3, 103
Confucianism	儒家, 6, 10, 151, 153
consciousness	意识, 18-19, 25, 26, 57
constitutionalism	宪法主义, 143-144
constructivism	建构主义, 65-66
conversation	交谈, 31-32, 36
converts	归信者
compared to "natives"	与"原住民"相比较的 ~, 80, 84

cutting off outside communication	切断与外界交流的~,81-82
prohibition of doubt in	在~中禁止怀疑,83-85
providing an identity to	向~提供一类身份,82-83,6
routinization of	~的程式化 80-81
core issues	核心问题,116,117,150
Coser, Lewis	刘易斯·科塞,33
Cromwell, Oliver	奥利弗·克伦威尔,137-138
cultural homogeneity	文化同质性,10
cultural war	文化论战,43-44
cynicism	犬儒主义,104,111-113,117,123
Darkness at noon (Koestler)	《正午的黑暗》(库斯勒),59
Darwin, Karles	卡莱尔·达尔文,108
death, awareness of	死亡意识,25-26
death by lethal injection	通过致命性药物注射死亡,160-161
death penalty	死刑,129,137,144,154-155,160-162
deconstruction	解构,56,57,65
"degree of certainty"	"确定性程度",18-19
deinstitutionalization	去制度化,15-16
democracy	民主,113,118,142-145,154-156,166
democratic triangle	民主制度的三角形,154-155
democratism	民主主义,143
denomination	教宗,21-22
Derrida, Jacques	雅克·德里达,55,56
Descartes, René	勒内·笛卡尔,53,109,110
despotism	专制主义/专制统治,144,145
dialectic relativization	相对化的辩证运动,44-48
divine commandment	神圣戒律,125
DNA based acquittals	基于DNA检测的无罪开释,160
docta ignornantia (the learned ignorance)	"有学养的无知",106

doubt	怀疑	
Calvin's suppression of	加尔文对~的遏制,97-100	
Castellio's theory on	卡斯特利奥的~理论,100-103	
and cynicism	~和犬儒主义,104-105,111-113,123	
in ethic of moderation	中庸伦理方面的~,158,159	
fundamentalist intolerance of	基要主义者对~之不可容忍,84-85,87,94-97	
as hallmark of democracy	作为民主之标志的~,113	
the limits of	~的界限,121-123	
maintaining societal	维持~的社会氛围,142-145,155	
and the middle position	~与中间立场,106-111,118	
nature of	~的性质,103-105	
as the one certainty	作为一种确定性的~,53	
systematic	系统的~,109-110	
and the truth	~与真理,90-94,101-102,105,112	
Durkheim, Emile	埃米尔·涂尔干,3,63,66,68,86,130,131	
Eastern Christian Orthodoxy	东正教,5,21,30,115	
ecumenism	普世教会主义,22,30,38	
education	教育,9,29	
empiricism	经验主义,2-3	
Enlightenment	启蒙运动	
atrocities of the	~时期的暴政	
demise of religion	宗教的消亡,1-2	
secularization tradition	世俗化传统,6-7,8	
value of religious tolerance	宗教宽容的价值观,22-23	
view of torture	关于肉体折磨的看法,129	
epistemological elite	认知精英	
in Maxism	马克思主义中的~,57-61	
Nietzsche's "superman"	尼采的"超人",61-62	

in postmodern theory	后现代理论中的~,62,64
role in relativism	相对主义里的~角色,52,62
equality	平等,151,153
Erasmus, Desiderius	德西德里乌斯·伊拉斯谟,105
Escape from freedom, The (Fromm)	《逃避自由》(弗洛姆),46
ethic of attitude,	心志伦理,138,159,161-162
ethic of moderation	中庸伦理,159
ethic of responsibility	责任伦理,138,159
ethnicity	种族性,13-14
Eugénie, Empress (France)	(法国)皇后欧仁妮,72,73
Europe	欧洲
abortion law in	~的堕胎法,141
death penalty views	对于死刑的看法,129,160
the Enlightenment in	~的启蒙运动,1-2
institutionalization of freedom	自由的制度化,152-154
institutionalization of gender norms	性别规范的制度化,16
integration of Muslims	穆斯林的整合问题,23-24,51-52,141
secularization tradition	世俗化传统,3,6,162-164
"Europe values"	"欧洲价值观",6,52
euthanasia	安乐死,104,106
Evangelical Protestantism	福音派新教,4-5,69,70
evolution	进化,126
exclusivist position	排他主义立场,38-39,40,42,43
faith	信仰,102,103,106
false consciousness	虚假意识,47-48,57,59,61,62
falsification	证伪,89-90,110,112
family	家人/家庭
and the "generalized other"	~与"一般性他者",132
influence of	~的影响,18,43,84,93,135

shunned in conversation	避免与~交谈,82
fanaticism	狂热主义,47-48,148
fate	命运,12-17
fear of death	死亡之恐惧,25-26
female circumcision	女性割阴,23,52,141
feminism	女权主义,16,62
Festinger, Leon	利昂·费斯汀格,32,96
foreground	前台,14-17,46,72
Foucault, Michel	米歇尔·福柯,55
Franco, Francisco	弗朗西斯科·佛朗哥,75
"free-floating intellectuals"	"自由漂浮的知识分子",61
freedom	自由
of choice	选择的~,17,45-46,93-94
civil liberties	公民的自由权,113,118,142
fundamentalism as enemy of	作为~之敌人的基要主义,86
as human entitlement	作为人的应有权利之~,150-153
institutions formalizing	把~予以正式化的各种制度,154-157
and predestination	~与命定论 101,103
religious liberty	宗教自由,22,24,118,119
voluntary religious affiliation	自愿性的宗教归属,17-20
French Revolution	法国大革命,1,2,97,118,119
Freud, Sigmund	西格蒙德·弗洛伊德,54,62,83,84
Fromm, Erich	埃里希·弗洛姆,46,86
fundamentalism/fundamentalists	基要主义/基要主义者
characteristics of contemporary	当代~的特点,71-73
doubt rejected by	被~所拒绝的怀疑,103
engagement in controversies	卷入到纷争之中,96-97
intolerance of doubt	怀疑之不可容受性,84-85,87,94-97
origination of	~的起源,69-71
reconquista model of	~收复失地模式,75,78,86,158

relationship to traditionalism	~与传统主义的关系,72-75,117	
requirements of	~的要求/条件,81-85	
subcultural/sectarian	亚文化群的/教派规模的~,78-81	
ultimate cost of	~的终极代价,86-87	
worldview between relativism and	介于相对主义和~之间的世界观,116-119	
"*Fundamentals, The*" (tract series)	《基本要道》(系列手册),69-70	
Gandhi, Monhandas Karamchand	莫罕达斯·卡拉姆昌德·甘地,138	
Gehlen, Arnold	阿诺德·盖伦,14,17,46,92-93,122-123,130-131	
gender relations	性别关系,23,52,141	
gender segregation	性别隔离,23,52,141	
"gods"	"诸神",95-96	
Goebbel, Joseph	约瑟夫·戈培尔,65	
Goffman, Erving	欧文·戈夫曼,33	
Golden Rule	黄金律,124	
Gramsci, Antonio	安东尼奥·葛兰西,60-61	
gray areas,	灰色地带,52,141,164	
"greedy institution"	"贪婪性组织",33	
"group norm"	"群体规范",11,34	
Handlungsverlust (incapacity to act)	缺乏行动能力的状态,122-123	
head covering practice	佩戴盖头的习俗 52,141	
Hellenistic-Roman period	古希腊-罗马时期,10	
Herberg, Will	威尔·赫伯格,30	
Hervieu-Léger, Danièle	达尼埃尔·埃尔维厄-莱热,43	
Hick, John	约翰·希克,39-40,51	
Hillel, Rabbi	拉比希勒尔,124	
Hindu society,	印度社会,8	

Hinduism	印度教,5,30,53,151,153
historical perspective	历史学的视角
applying to tradition	应用到传统研究的~,116-117
choice in Neolithic communities	在新石器时代社群的可供选择的可能性,12-13
Enlightenment and secularization	启蒙运动与世俗化,1,2,3,6-7,8
examples of plurality	多元性的例子,9-10
on freedom and dignity	关于自由和尊严的~,150-151
gender norms	性别规范,16
moral certainty legitimized through	经过合法化的道德确定性,127-129
narrative and	~与叙事,56,64-65
on natural law	关于自然法理论的~,125-126
objective truth and self	客观真理与自我,52-53
religious tolerance	宗教宽容性,22-23,30-31
Hitler, Adolph	阿道夫·希特勒,77,88
Hoffer, Eric	埃里克·霍弗,94-95
Holmes, Oliver Wendell	奥利佛·文德尔·霍姆斯,87
homosexuality	同性恋,44
"honor killings"	"荣誉谋杀",23,52,141,164
hot-button issues	热点问题,43-44
Human dignity	人的尊严性,150-151,154-157,161,162
human identity	人的身份,12-13
humor	幽默,148,149
identity reconstruction	身份重构,82-83
idola (fallacies)	《假相》,110,111
Ignatius of Loyola	耀拉的伊纳爵,59
ignorance and knowledge	无知和知识,118,154
illiberal democracies	不自由的民主制度 118,154
immigrant integration	移民的整合问题,23-24,51-52,141,162-165

In Praise of Folly (Erasmus)	《愚人颂》(伊拉斯谟), 105	
inclusivist position	包容主义立场, 40-43	
information control	信息控制, 32, 77, 78, 81-82	
institition, total	全控组织, 33	
institutional behaviour	制度性行为, 131	
institutional imperative	制度必要性, 131, 152	
institutionalization of freedom	自由的制度化, 152-153	
institutionalization process	制度化过程, 15-16	
institution	制度	
balance in safeguarding democratic	确保民主~之间的平衡, 154-158	
in the democratic triangle	在民主三角形中的~, 154-158	
essential to the human condition	对于人类境况构成至关重要的~, 130-131	
relativization of marriage	婚姻~的相对化, 27-28	
religious	宗教~, 19-22, 157	
"secondary"	"次级~", 17	
taken-for-grantedness of	~的"理所当然"性, 15, 27-28, 46, 92-93, 122-123	
thing-like quality of	~之事物般的性质, 63-64, 131	
"total"/"greedy"	"全控"/"贪婪性"~, 33	
as voluntary association	作为自愿性组织的~, 19-20, 119	
integration of immigrants	移民的整合, 23-24, 51-52, 141, 162-165	
intellectuals	知识分子, 6, 60-61	
interfaith activities	信仰之间的活动 22, 30, 38	
interfaith dialogue positions	信仰之间对话的立场	
exclusivist	排他主义者, 38-39, 40, 42, 43	
inclusivist	包容主义者, 40-43	
influence on morality	对道德的影响, 43-44	
illustrating the	对~的说明, 41-42	

pluralist	多元主义者, 39-40, 42, 43, 51
internalized reciprocity	被内化的互惠性, 133-134
International travel	国际间旅行, 9, 22, 29
Isalam	伊斯兰教
growth of	伊斯兰教的发展, 4, 6
Human dignity and freedom in	在~中的人之尊严和自由问题, 150, 153
middle position in	~内的中间立场, 115-117
Muslim beliefs/practices	穆斯林信仰/实践, 23-24, 51-52, 69, 141, 162-164
tolerance of	~的宽容性, 30
"–isms"	"–主义", 95-96, 108, 112, 142
isolationism	孤立主义, 78, 79-80, 82
Jocobin government	雅各宾政府, 118
Japanese narrative	日本的叙事, 56, 64
Jesus Christ	耶稣基督, 96
Jews	犹太人, 30, 80, 138, 165
Johnson, Samuel	塞缪尔·约翰逊, 63, 66
Judaism	犹太教, 5, 30, 79-80, 115, 150
judgement	判断, 121-122
Kallen, Horace	霍勒斯·卡伦, 7
Kant, Immanuel	伊曼纽尔·康德, 116
Kierkegaard Søren	索伦·克尔凯郭尔, 18, 110-111, 112
Knowledge	知识
ignorance and doubt	~、无知和怀疑, 101-102, 106, 107
in postmodern theory	后现代理论中的~, 55
of reality	关于现实的~, 110
Sociology of	~社会学, 61, 66, 110
Koestler, Arthur	阿瑟·库斯勒, 59, 129

Kukacs Georg	格奥尔格·卢卡奇, 58
language	语言 130, 131 – 132
Lenin, Vlaimir	弗拉基米尔·列宁, 58 – 59, 61
Lewin, Kurt	库尔特·勒温, 11, 34
liberal democracy	自由式民主, 118, 142, 154, 166
liberalism	自由主义, 157 – 158
libertarianism	自由意志论, 158
limited liability	有限责任, 136 – 137
literalism	拘泥于文句, 101
logic	逻辑, 91 – 92
Luckmann, Thomas	托马斯·卢克曼, 30, 66
Luther, Martin	马丁·路德, 114, 160
Lutheran doctrine	路德宗的教义, 114 – 115
Luxemburg, Rosa	罗莎·卢森堡, 59 – 60
Lynd, Robert and Helen	罗伯特·林德和海伦·林德, 26 – 27
Mach, Ernst	厄恩斯特·马赫, 53
Machavelli, Niccolò	尼可罗·马基雅维利, 138
Mannheim, Karl	卡尔·曼海姆, 61
Marginal components (*adiaphora*)	边缘性成分(琐事), 40, 116, 117
Martain, Jacques	雅克·马里坦, 21
market economy	市场经济, 154, 156 – 157
marriage, same – sex	同性婚姻, 24, 27, 44
marriage, traditional	传统婚姻, 27 – 28, 44, 131
Marx, Karl	卡尔·马克思, 3, 54, 57 – 58, 66
Marxism	马克思主义, 54, 57 – 61, 117
mass communication	大众交流, 9
mass movement	大众运动, 94 – 95
mathematics	数学, 90, 91

Mead, Geoge Herbert	乔治·赫伯特·米德, 132 – 134, 144
Mencius	孟子, 128
micro – totalitarianism	微观版本的极权主义, 78 – 81
middle position	中间立场
defined in religious terms	以宗教方式界定的 ~, 113 – 116
doubt as the	作为 ~ 的怀疑, 106 – 111, 118
prerequisites for worldview	世界观的先决条件, 116 – 119
"Middletown" studies	"米德尔顿"研究, 26 – 27, 29
migration,	移居, 93
mobility	流动性, 9, 22, 29
modernity	现代性
current state of secularization	世俗化的目前状态, 4 – 7
fundamentalism in	~ 条件下的基要主义, 71 – 72
influence of science on	~ 对现代性之影响, 1 – 3
modernity pluralize	现代性使之多元化, 7 – 12, 18
shift from fate to choice	从命运到选择的变迁, 12 – 17
Montaigne, Michel de	米歇尔·德·蒙田, 106 – 107, 109
moral certainty	道德的确定性
and human nature	~ 和人性, 135 – 137
and the limits of doubt	~ 与怀疑的界限, 121 – 123
natural law theory	自然法理论, 125 – 126, 127, 136
paradox of holding	~ 坚持之悖论, 121
perceived in moments of history	在历史的某些时刻被体认到的 ~, 127 – 129
philosophical-anthropological analysis of room for doubt in	哲学人类学对 ~ 的分析, 130 – 134 在 ~ 中为怀疑留下空间, 137 – 141
traditional means for arriving at	达到 ~ 的传统手段, 124 – 127
morality	道德
challenges of pluralism to	多元主义对 ~ 的挑战, 23 – 24
choice and	选择和 ~, 119

empathy and	同情心和~,134
and human nature	~和人性,135-137
inclusicism in	~中的包容主义,43-44
relativistic view of	关于~的相对主义观点,51-52,68
Mormons	摩门教,5,79
multiculturalism	文化多元主义,31,159,163
Murray, John Courtney	约翰·考特尼·默里,21
Musil, Robert	罗伯特·穆齐尔,89,92,112
Muslisms	穆斯林,23-24,51-52,69,141,162-164。
See also Islam,	另见伊斯兰教
Mussolini, Benito	贝尼托·墨索里尼,76
narratives	叙事,56,64,83,117
"natives"	"原住民",42-43,80,81,82,84
natural law theory	自然法理论,125-126,127,136
Nazi Germany	纳粹德国,62,64-65,76-77,134,138
negative freedom	消极自由,150
negative tolerance	消极的宽容性,31
negotiation limits	商榷的底线,116
Neolithic community	新石器时代的社群,12-13
Niebuhr, Richard	理查德·尼布尔,21
Nietzsche, Friedrich	路德维希·尼采,1,54,55,61-62
nihilation	歼灭化,33,72,85,159
nonviolence	非暴力,138
Novak, Michael	迈克尔·诺瓦克,13-14
objectivity,	客观性,63,65
"of course statements"	"当然陈述",26-27
orientalism (Said)	《东方主义》(萨义德),55
Orthodox Judaism	正统犹太教,5,21,69,79,80

"others" "他者"
    and the boundaries of belonging　～与归属性边界, 164-165
    civility toward/engagement with　对～的礼貌/与～约会, 118
    cognitive contamination and　认知污染与～, 11, 33
    reciprocity with　与～的互惠性过程, 133-134, 135
    relativization's affect on　相对化进程对～的影响, 49-53

pacifism　和平主义, 138
Pasons, Talcott　塔尔科特·帕森斯, 38
Pascal, Blaise　布莱斯·帕斯卡, 52-53, 89
patchwork religion　拼缝式宗教, 43
Paul, Apostle　使徒保罗, 36, 82, 96, 105
Pentecostalism　五旬节派, 4-5, 50
Pentacostalization　五旬节派化, 5
Perception　体认, 127
permanent reflection　持久性反思, 15
personal identity　个人身份, 12-13
philosophical anthropology　哲学人类学, 130-134
plausibility structure　可信性结构, 35-36
pluralism　多元主义, 7
pluralist Christian position　多元主义者的基督教立场, 39-40, 42, 43, 51
plurality　多元性
    as changing individual consciousness　作为改变个体意识的～, 18-19
    as destabilizing force　作为去稳定化的力量之～, 36, 93-94
    and individual religious consciousness　～与个体的宗教意识, 17-19
    and institutions　～与各种制度, 19-22, 119
    leading to increase in tolerance　导致宽容性增长的～, 29-31
    meaning and impact of　～的影响与意义, 7-12

moral plurality	道德多元性,23-24	
tour of American religious	美国宗教的~之旅,36-38	
political parties	政治党派,43-44,154,156-157	
political system	政治制度。See state,见政权。	
politics of moderation	中庸政治	
democratic triangle	民主制度的三角形,154-158	
ethic of moderation	中庸伦理,158-160	
integration of immigrants	移民的整合问题,162-165	
meaning of	~的意义,148-150	
right to human freedom	人类对于自由的权利,150-153	
view of death penalty	关于死刑的看法,160-162	
polytheism	多神主义,1	
Popper, Karl	卡尔·波普尔,110,112	
Popular Protestantism	大众新教,5	
popular relativism	广受欢迎的相对主义,67	
positive freedom	积极的自由,150	
positivism	实证主义,2,103	
postmodernism	后现代主义,54-56,62,64-67,159	
power	权力,54,55-56	
prayer customs	祷告习俗,51,141,164	
predestination	命定,100-103	
prereflexive empathy	前反思性的同情,133	
primitive man	原始人,12-13	
proactive doubt	前摄性的怀疑,111	
progress	进步,152	
proletariat	无产阶级,57-60	
Protestant-Catholic-Jew (Herberg)	《新教徒-天主教徒-犹太教徒》（赫伯格）,30	
Protestantism	新教	
Calvinism	加尔文主义,100-103,115	

as challenge to Catholic Church	作为对天主教会之挑战的～,49-51
in the Enlightenment	启蒙时代的～,2
Evangelical,	福音派～,4-5,69,70
The Fundamentals	《基本要道》,69-70
Lutheran doctrine	路德宗教义,114-115
Pentecostalism	五旬节派,4-5,50
popular	大众～,5
the Reformation	宗教改革时代,49-50,114
tolerance in	～中的宽容性,30
unique relationship to modetnity	～与现代性的独特关系,114
As voluntary association	作为自愿性组织的～,20
See also fundamentalism/fundamentalist	另见基要主义/基要主义者
"protestantization"	"新教化",20
psychoanalysis	心理分析,62,83,84
Puritanism	清教主义,115
Qual der wabl(agony of choice)	"选择之苦",45-46,93-94
Ranke, Leopold von	利奥波德·冯·兰克,64
rationalism	理性主义,102-103
reactive phenomenon	回应性现象,70,71,111
reason	理由,2,56,65
reciprocal interaction	互惠性相互作用,132-135
reconquista (reconquest) fundamentalist model	基要主义的收回失地模式,75-78,86
reconstruction of biographies	生平叙事重构,82-83
reflection	反思,14-17,46,72,131
Reformation	宗教改革,49-50,114
relationships	关系,84-85,105,132-135
relativism	相对主义

>>>> compared to fundamentalism　　　　　与基要主义相比较的～,73
>>>> as flawed and dangerous　　　　　　作为有缺陷并且危险的～,63-68
>>>> inconsistent doubt in　　　　　　　　在～中不能贯彻到底的怀疑,112
>>>> liberation from　　　　　　　　　　从～中解放出来,45
>>>> and postmodernism　　　　　　　　～与后现代主义,54-56
>>>> and the religious "other"　　　　　　～与宗教的"他者",49-53
>>>> struggle of choice in　　　　　　　　～里进行选择的思想斗争,47
>>>> worldview between fundamentalism　介于基要主义和～之间的世界观,
>>>> and　　　　　　　　　　　　　　　116-119
>>> relativistic deconstruction　　　　　　　相对主义的结构,56,57
>>> relaticvists　　　　　　　　　　　　　相对主义者,57-62,158-159
>>> relativization　　　　　　　　　　　　相对化/相对化进程
>>>> and absolute　　　　　　　　　　　～与绝对,25-28
>>>> dialectic relativization　　　　　　　　辩证的～,44-48
>>>> fundamentalism and　　　　　　　　基要主义与～,71-72
>>>> shock at onset of　　　　　　　　　　～起始时所带来的震撼,28
>>>> through cognitive compromise　　　　经由认知性妥协的～,31-36
>>>> tolerance and　　　　　　　　　　　宽容性与～,29-31
>>>> tour of religious plurality　　　　　　　宗教多元性之旅,36-38
>>>> view of religious/moral others　　　　关于宗教/道德的他者的看法,49-53
>>>> *See also* interfaith dialogue positions　另见信仰间对话的立场
>>> religion　　　　　　　　　　　　　　宗教
>>>> in the enlightenment　　　　　　　　启蒙时代的～,1-2,22-23
>>>> middle position in　　　　　　　　　宗教中的中间立场,113-116
>>>> mitigating the fear of death　　　　　缓解对死亡恐惧的～,26
>>>> patchwork religion　　　　　　　　　拼缝式～,43
>>>> providing cognitive defenses　　　　　提供认知性防卫的～,33
>>> religious liberty　　　　　　　　　　　～信仰的自由权,22,24,118,119
>>> religious preference　　　　　　　　　～喜好,17-18
>>>> in secularization theory　　　　　　　世俗化理论中的宗教,3

socialzation through	通过~社会化, 42-43, 80, 84-85
tolerance in	~中的宽容性, 22-23, 30-31
total institution	全控组织, 33
Religious certainty	宗教的确定性, 125
Religious institutions	宗教的制度/组织, 19-22, 157
"religious preference"	"宗教之喜好", 17-18
religious tolerance	宗教之宽容性, 22-23, 30-31
resocialization	重新社会化, 84
Rokeach, Milton	米尔顿·罗克奇, 11, 90-91
Sadoleto, Jacopo (Cardinal)	红衣主教雅各布·沙杜里多, 98-100
Said, Edward	爱德华·萨义德, 55
Sartre, Jean-Paul	让-保罗·萨特, 17, 47
Schelsky, Helmut	赫尔穆德·谢尔斯凯, 15
Schutz, Alfred	阿尔弗雷德·舒茨, 25, 27
science	科学, 2-3
scientific rationalism	科学理性主义, 102-103
scientific research	科学研究, 110, 111
scriptural interpretation	经文的解释, 101
second coming	二度来临, 95-96
Second Vatican Council	第二次梵蒂冈大公会议, 21, 50, 115
"secondary institutions"	"次级制度", 17
sectarian fundamentalism,	教派规模的基要主义, 126
sects	教派, 21, 79, 81, 82
"secular fundamentalists"	"世俗的基要主义者", 70
secular gods	世俗的神灵, 95-96
secularism	世俗主义, 6, 8
secularization	世俗化
current state of	~的目前状态, 4-7
defined	被定义的~, 3

welcomed by secularism	被世俗主义所欢迎的～,8
secularization theory	世俗化理论,3,8
segregation, gender	性别隔离,23,52,141
self	自我,53,54,151
shock of relativization	相对化进程的冲击,28
"significant others"	"重要性他者",84-85,132,134,135
Silk Road	丝绸之路,9-10
sin	罪,85
slavery	奴隶制度,128,134,135
"social behaviorism"	"社会行为论",132
social class	社会阶级,54,57-61
Social Construction of Reality	《现实的社会构建》
(Berger and Luckmann)	(伯格和卢克曼),65
social interaction	社会互动,8,31
social segregation	社会隔离,8-9
social unrest	社会的动荡,122,123
socialism	社会主义,74,157-158
socialization	社会化,18,42-43,80,84-85
society	社会
civil	公民～,118,154,156-158
danger of fundamentalism to	基要主义对～的危害,86-87
doubt serving	服务～的怀疑,122-123
ethical boundaries	～的伦理边界,51
fundamentalist goals for	基要主义者的～目标,75
need for common values in	～中对共同价值的需要,68
sociological functionality	社会学的功能性理论,1
sociology	社会学,2-3,63
sociology of knowledge	知识社会学,61,66,110
Socrates	苏格拉底,9,109,110
Stalin, Joseph	约瑟夫·斯大林,59,95,108

state	政权
authoritarian	~政权,76,77
constitutionalism	宪法主义,143-144
danger of relativism to the	相对主义给~带来的危险,68
democracy	民主制,113,118,142-145,154-156,166
providing cognitive defenses	提供认知防卫的~,33
and religious liberty	~与宗教的自由
role in the middle position	在中间立场中所发挥的作用,118
separation from church	从教会中分离出来,107-108
theocracy	神权政治,97,98,115
Stockholm syndrome	斯德哥尔摩综合症,136
Stowe, Harriet Beecher	哈莉特·比彻·斯托,128
subcultural fundamentalism	亚文化群的基要主义,78-81,86
subculture by birth	通过出生所形成的亚文化群,42-43,80,81,82,84
subjectivity	主体性,17,53,114,122-123
subjectivization	主体化,17
substructures/superstructure model	下层建筑/上层建筑的模式,60-61
"superman"	"超人",61-62
suppression of doubt	压制怀疑,97-100
Suzman, Helen	海伦·苏斯曼,148,149
syllogism	三段论,92
"symbolic interactionism"	"符号互动论",132,144
syncretism	融合,10-12,31-33
systematic doubt	系统的怀疑,109-110
taken-for-grantedness	"理所当然"性
fundamentalism's goal to restore	基要主义恢复~的目标,72-73,75,158
institutional	制度的~,15,27-28,46,92-93,122-123
in levels of consciousness	在意识诸层面的~,19

    in sects   在教派当中的~,79
technology   技术,9,22,29
theocracy   神权政治,97,98,115
"Third world"   "第三世界",59-60
Three Christ of Ypsilanti,the(Rokeach)   《西普西兰蒂的三个基督》(罗克奇),11,91

Tillich,Paul   保罗·蒂利希,103
tolerance   宽容性,22-23,29-31,113
Tolstoy Leo   列夫·托尔斯泰,138
torture   肉体折磨
    empathy and victim   同情心和受害者,134,135
    evaluated by traditional legitimization   通过传统合法化模式予以评估的~,124-127
    modes
    historical perception of   关于~的历史性体认,128-129
    as unacceptable   ~的不可接受性,121
"total institution"   "全控组织",33
totalitarianism   极权主义
    basic principle of   ~的根本性原则,76
    failure of   ~的失败,77-78
    high economic/social cost of   巨大的经济/社会代价,78,86
    as liberation   开明的~,46-47
    micro-totalitarianism   微观版本的极权主义,78-81
traditionalism   传统主义,72-75,92-93
traditions   各种传统,116-117
transference   移情,84-85
travel   旅行,9,22,29
Troeltsch,Ernst   厄恩斯特·特洛尔奇,79
True Believers(Hoffer)   《忠实信徒》(霍弗),94-95
true believers   忠实信徒
    adopting ethic of attitude   采纳心志伦理的~,159

doubt and	~与怀疑,89,92,94-97,112,142
goal of	~的目标,158
self-confidence of	~的自信,147
See also converts; fundamentalism/ fundamentalists	另见皈信者;基要主义/基要主义者
truth	真理
and doubt	~和怀疑,90-94,101-102,105,112
and the epistemological elite	~与认知精英,57
existence of	~的存在性,63
and narrative	~与叙事,64-65
in postmodernism	后现代理论中的真理问题,54,55-56
and relativism	~与相对主义,51,52-53
Twain, Mark	马克·吐温,135
Ujamma village	乌贾马村庄,74-75
Upanishads	《奥义书》,53,151
Upbringing	抚育,18,42-43,80,84-85
Urbanity	都市风格,94,4-45,79
U. S. Supreme Court	美国最高法院,161,162
"value-free" theory	"价值中立"的理论,3
values	价值/价值观
cognitive contamination of	~的认知污染过程,10-11,31
European	欧洲~,6,52
in fundamentalism	基要主义中的~,71,86
institutions as carriers of	作为~载体的各种制度,131,152
language expressing	表达~的语言,132
liberal democratic	自由的民主~,156,162,166
modernity's influence on	现代性对~之影响,7,9
need for common societal	对社会共同~的需要,68
and plausibility structure	~与可信性结构,35-36

pluralizaiton of	~的多元化,22-23
in relativistic view	相对主义视域下的~,51
relativization weakening	相对化削弱~,26
tolerance	宽容性,29-30
Veraweiflung (desperation)	绝望,123
victims	受害者,134,136-137
Victoria Queen,	维多利亚女皇,72,73
violence/cruelty	暴力/残暴
capital punishment	死刑,129,137,144,154-155,160-162
denying humanity of victim	否认受害者人之为人的身份,134,136-137
genital mutilation	割阴,23,52,141
Voltaire	伏尔泰,2,97,129
Weber, Max	马克斯·韦伯,3,40,79,80,114,138,159
Weil Simone	西蒙娜·薇依,148
When Prophecy fails (Festinger)	《当预言失败时》(费斯汀格),96
Wilde, Oscar	奥斯卡·王尔德,103-104,147
wisdom	智慧,105. See also knowledge,另见知识。
women, Muslim	穆斯林妇女,23-24,51-52,141
working class	工人阶级,57-60
World Parliament of Religions (Chicago,1893)	世界宗教议会(年芝加哥,1893),38
world-taken-for-granted	具有"理所当然"性的世界
worldview	世界观
absolutes in	~中的绝对性,25-28
caught in dialectic of relativization	落入辩证的相对化运动之中的~,44-48
cognitive contamination of	~的认知性污染,10-11,31,36

  fundamentalist   基要主义者的～,75-78,86
   defense of   ～的卫护,32-36
   middle position   中间立场,116-119
   need for common   共同～的需要,68
   pluralization of   ～的多元化,18,23-24
   postmodernism and Western   后现代主义与西方～,54-56
   produced and maintained in relationship   在关系中产生和维持的～,31
   rationalist   理性主义的～,102-103
   religious socialization   宗教社会化,42-43,80,84-85
   from secondary institutions   出自于次级制度的～,17
   shock of relativization to   相对化对～的冲击,28
   tolerance ranking highly in   ～中占有高度位置的宽容性,29-30
  Wuthnow, Robert   罗伯特·伍斯诺,43

  Zakaria, Fareed   法里德·扎卡瑞亚,118,154
  Zweifel(doubt)   怀疑,123

译后记

2009年秋,我考入南京大学哲学系,师从著名学者孙亦平教授攻读宗教学专业博士学位。开学伊始,孙老师即指示我在上课听讲的同时,要关注前沿问题,考虑博士论文的选题。经过近一年时间的反复酝酿和权衡,我遂决定以美国当代社会学家彼得·伯格的宗教思想作为自己的研究主题,并以开题报告的形式向老师作专门汇报。她欣然同意,当即嘱咐我收集伯格有关宗教的所有原版著作,潜心阅读,做好笔记,以便为进一步的研究打下坚实基础。拙译所据的英文版,乃是老师托朋友从美国辗转购回的众多书籍中的一本。老师的恩情和栽培,怎一个"谢"字了得?

无疑,伯格是一位社会学大家,学术兴趣非常广泛,于现代化、全球化、第三世界的现状以及社会政治、经济、家庭等问题无不涉猎,且多有精到论述,在西方学界反响颇大。早年与德国学者托马斯·卢克曼合著的《现实的社会构建》,被誉为知识社会学领域的里程碑式著作。同时,综其一生,他也倾注以极大的热忱和精力投身于宗教学研究,兼跨宗教社会学和基督教神学两个领域,尤其在前一领域,堪为继韦伯、涂尔干之后西方世界所诞生的又一巨擘。和两位前辈一样,大问题意识主导下的宏观理论视野和具有深切现实关怀的运思路向,乃是伯格治学的一大特点,也是他较之于同时代其他宗教学者远为高明的根本所在。美国宗教学者琳达·伍德海德(Linda Woodhead)编写关于上世纪宗教学研究的一个读本时,评论道:"在宗教研究形上理论的水平层面,以伯格的贡献最大。"概言之,他立足于西方基督教虔信的现代背景,放眼全球,关注当今世界诸大宗教之间的关系和互动以及由此造成的多元化信仰格局对基督教传统的冲击和影响,反思这一传统的前途和命运,并为生活于其中的信仰个体乃至现代公民在关乎生命闳深的基本问题方面提供价值导引和抉择指南。传统之于现代、信仰之于心灵,乃是每一种文化背景下从事不同研究的人文学者们不可回避的一大主题。对伯格而言,基督教及其信仰是他生长于斯的传统;对我们而言,儒释道及其价值体系也是必须朝夕予以面对的文化积淀。在纷繁错杂的现代世界,传统的价值和命运如何,创新如何可能,伯格的反思或许对于我们时下的文化研究会提供有益的借鉴和方法论启示。此乃我选择伯格作为研究方向的原因所在。

自从发表脍炙人口的名著《神圣的帷幕》以来,伯格对宗教的持续关注和研究已经历时五十余年,《不稳定的视野》、《天使的传言》、《异端的律令》、《拯救的笑声》、《逝去的荣恩》、《信仰的问题》等一系列重要著作纷纷出炉,在西方宗教学界影响之深远自不待言。最近，他又以八十岁高龄与荷兰学者安东·泽德瓦尔德联合推出本译的原版著作《疑之颂——如何信而不狂》，阐扬宗教乃至世俗价值领域里在认知方法和态度方面的怀疑精神，论证严密，说理透辟，其间所体现出的深刻批判意识和智识正直决不可等闲视之。对此，读者诸君自有明鉴，毋需我赘言。惜乎中文世界对伯格的宗教学成就关注不够，译介工作也极为滞后。《神圣的帷幕》、《天使的传言》虽然已有中文版，但这些都限于他上世纪六、七十年代所撰就的早期作品。希望拙译能为人们对伯格的认识和解读提供帮助。

向上海三辉咨询有限公司的严搏非先生和他旗下的图书出版事业致敬！严先生为人谦和，又是一个人文学者。在出版无门之际，蒙西南大学毛兴贵博士推荐，他毅然接受译稿，且在翻译质量方面严格把关，其奖掖后学、嘉惠士林之精神，令我感佩！在此，也向毛兴贵博士诚表谢意！翻译期间，我的同学、同属于西南大学的王俊杰博士在物质和精神方面，给我以大力支持。每一章翻译完毕，他必首先阅读，指出许多讹误，供我参考。向王博士致意！

最后，谨以拙译献给我敬爱的导师孙亦平教授以及硕士期间的授业恩师刘泽亮教授、詹石窗教授。三位老师无论学问还是人格，皆极富成就，在学界广受美誉，堪为我辈楷模。虽不能至，心向往之，实乃我当下的心声！

图书在版编目(CIP)数据

疑之颂：如何信而不狂／(美)伯格，(荷)泽德瓦尔德著；曹义昆译．——北京：商务印书馆，2012
ISBN 978-7-100-09542-6

Ⅰ．①疑… Ⅱ．①伯… ②泽… ③曹… Ⅲ．①道德-研究 Ⅳ．① B82

中国版本图书馆 CIP 数据核字 (2012) 第 232570 号

所有权利保留。
未经许可，不得以任何方式使用。

疑之颂：如何信而不狂
〔美〕伯格
〔荷〕泽德瓦尔德 著
曹义昆 译

商 务 印 书 馆 出 版
(北京王府井大街36号 邮政编码 100710)
商 务 印 书 馆 发 行
山东临沂新华印刷物流集团
有 限 责 任 公 司 印 刷
ISBN 978-7-100-09542-6

2013年1月第1版　开本 880×1240　1/32
2013年1月第1次印刷　印张 6.25

定价：30.00元

IN PRAISE OF DOUBT:

How to have Convictions without Becoming a Fanatic

by Peter Berger and Anton Zijderveld

Copyright © 2009 by Peter Berger and Anton Zijderveld

Published by arrangement with Harper Paperback,

an imprint of Harper Collins Publishers.

Simplified Chinese edition copyright © 2012 Shanghai Sanhui Culture and Press Ltd.

Published by The Commercial Press

All rights reserved.